Drôles D'idées

ou l'épopée d'une vie rigolote

Couverture réalisée avec l'Intelligence Artificielle : ImagineArt
Relecture et correction : Marie-Thérèse LEY, Sylvie GRINGER
Contributeur pour la partie japonaise : Eliana GRINGER
Dessinateur : Simon HUEBER

Édition : BoD · Books on Demand GmbH, In de Tarpen 42,
22848 Norderstedt (Allemagne)
Impression : Libri Plureos GmbH, Friedensallee 273,
22763 Hamburg (Allemagne)

ISBN : 978-2-3225-1692-6
Dépôt légal : Novembre 2024

PG PRODUCTION

Pascal GRINGER

Drôles D'idées

ou l'épopée d'une vie rigolote

Sommaire

Préface

Je ne suis ni écrivain, ni connu, ni riche comme ce monde le conçoit, mais mon imagination est sans limite. Ma maman m'a toujours demandé : « Quand deviendras-tu adulte ? ».

Vous qui lisez ce livre, je vous en laisse juge.

Jésus-Christ a dit : *« **Laissez venir à moi les petits enfants, et ne les empêchez point ; car le Royaume des cieux est pour ceux qui leur ressemblent...** »*

(La Bible) Matthieu 19:14

Comme j'approche de la retraite, le risque de sanctions devenant de plus en plus faible, j'envisage d'avoir de Drôles D'idées toujours plus magistrales et je me suis dit qu'un premier volume serait à propos. Oui, évidemment ou non, le succès de cet ouvrage conduira à l'écriture d'une conclusion de vie, 'Drôle D'inhumation' ou 'Drôle de FIN'. Ce seront sûrement mes enfants et petits-enfants qui se chargeront de ce TOME 2.

Bon, je n'ai pas toujours été irréprochable, mais comme le disait cette veuve du quartier à mes parents : « Il n'est pas méchant, il est vivant. ».

La vie est extraordinaire, alors pourquoi la vivre tristement ? Vivons-là assurément ! Le regard de l'autre et la critique ne doivent pas entraver nos précieuses existences.

Je dédie ce livre aux personnes qui ont essayé de m'enseigner et de me faire entrer dans le moule de notre société. A ceux qui n'y sont pas parvenus et dont je garde de très bons souvenirs !

Voilà, c'est parti. Je vais vous exposer une petite partie de mes Drôles D'idées. Celles qui me viennent facilement, sans effort et quotidiennement ! Prolifiques et sans limite parfois, elles sont moi, que puis-je y faire ?

Avertissement

Il est recommandé de ne pas reproduire les Drôles D'idées de ce livre. Toutes les actions qui y sont décrites ont été réalisées par un professionnel ayant les capacités et l'endurance pour supporter les incidences des actions menées, les punitions reçues...

Drôle Déjà tout petit

Eh oui, je crois que c'est de naissance les Drôles D'idées. Né en Alsace d'un papa alsacien et d'une jolie italienne abruzzaise, je n'ai plus aucun souvenir de mes premières frasques. Du dire de mes parents, elles ont bien eu lieu.

Jeunes mariés, ils habitaient un petit, très petit deux-pièces dans cette, elle aussi, petite ville de Thann. Deux ans et demi après leur mariage, je suis né du fruit d'une explosion de joie. Ma mamma(1) et ma nonna(2) ont toujours dit que j'étais beau et qu'elles auraient aimé me voir pleurer. Mais déjà tout petit, ma vision de la vie était la joie et non les pleurs.

Donc quatre ans après ce mariage de deux cultures différentes, je me déplaçais comme je le pouvais dans ce qui était un très grand deux-pièces, à mes yeux d'enfant. Ma maman m'appelle, me cherche et après 20 minutes interminables, elle est prise d'angoisse. Chez elle, dans son deux-pièces, son bébé est introuvable ! A la limite de la crise de nerfs, il y a soudain ce petit rire qui se fait entendre depuis cette petite cuisine qui formait comme un couloir entre le salon et la chambre des parents. Là, elle voit une touffe de cheveux qui affleure du dessus de la machine à laver. Après avoir poussé un tabouret contre cette superbe cachette, j'ai réussi à atteindre son tambour accessible uniquement par le haut. Je vous avoue une passion pour le tambour, depuis tout petit.

La deuxième Drôle D'idée a été réalisée grâce à un meuble du salon. Le vaisselier était surveillé de près par mes parents. Surtout si des visiteurs s'annonçaient ! Je poussais l'une des quatre chaises de l'appartement contre ce mobilier, pour pouvoir atteindre les verres. J'y faisais pipi. Oui, mais uniquement dans les verres les plus beaux et ensuite je les replaçais délicatement. J'ai été propre très tôt !

Avoir seulement quatre chaises au salon, c'était peu ! Et lors des visites, devinez qui n'avait pas de quoi s'asseoir ? C'était le plus petit bien sûr. Aussi, j'ai eu une discussion sérieuse avec ma maman, car ce n'était plus possible. Je lui ai montré une croix faite au stylo BIC bleu sous une chaise. Elle a évidemment compris que cette dernière était mienne. A cette période, l'écriture n'était pas ce que je maîtrisais le mieux, pas plus que le langage d'ailleurs. La croix était pourtant déjà ma source de salut. Au vu de mon visage d'ange et devant mon insistance, les invités me laissaient cette chaise marquée. Mais après plusieurs visites, ma maman s'est aperçue que je demandais toujours à la personne la plus gentille de me céder sa chaise et surtout que je ne me trompais jamais. A coup sûr, je trouvais toujours la marque ! En fait, j'avais mis une croix sous toutes les chaises.

Lors des sorties en poussette, j'étais très remuant et mes parents ont fini par m'attacher. Peut-on mettre un bébé en laisse ? Que nenni(3) ! Déjà très adroit de mes mains, j'ai fini par trouver le moyen de me ***'Libérée, délivrée, je ne mentirai plus jamais. Libérée, délivrée, c'est décidé, je m'en vais...'***

La Reine des Neiges

...mais c'est la chanson d'un autre conte de fée et ma maman a fini par placer un petit poste radio dans mon couffin, pour que je reste tranquille. Cela fonctionne toujours, un fond musical et je suis calme.

Dix-huit mois après ma naissance, ma sœur Liliane vient au monde. Certainement que l'explosion de joie qui a suscité sa venue était moins intense, car elle n'a hérité que de peu de Drôles D'idées. Elle allait pouvoir profiter des miennes. Notre lit superposé était logé dans une niche située dans la chambre de mes parents. Un rideau de feutre séparait notre espace de la chambre parentale. Très athlétique, je sautais depuis mon lit. Bien sûr, je dormais en haut, car c'est la place du dominant dans une meute. La meute est venue plus tard avec, en tout, cinq enfants, deux chats, des poules et des canards, mais... deux maisons plus loin.

Ne perdez pas le fil ! Je saute depuis le lit du haut dans la poussette de ma sœur Liliane. Cette poussette toute fraîchement reçue en cadeau a bien amorti mon saut de l'ange. Avec ce lit superposé, divers jeux étaient possibles. Mon préféré était de placer ma sœur sur le lit supérieur pour pouvoir muscler mes cuisses. Les pieds en l'air, couché sur le lit du bas, je soulevais le sommier du haut. C'était amusant de l'élever en observant les points d'ancrage se défaire à chaque poussée. C'était grisant de risquer de tout prendre sur la figure. Bien sûr, un jour Liliane a voulu faire de même et je n'ai pas cherché à l'en dissuader. Elle a tenté ce petit jeu et a reçu le lit chargé de ma personne sur sa petite frimousse. Coincée et prise en sandwich, elle a donné bien du travail à mes parents pour la sortir de là, la consoler et remonter le mobilier.

Vient à présent le temps de vous parler du petit balcon en bois du logement ! Il donnait sur le toit du local qui abritait les lapins du propriétaire et le seul local-toilettes de la maisonnée. Ce dernier était en bois et placé au-dessus d'un cloaque très odoriférant. Bien sûr, le balcon qui donnait sur le toit en surplomb du jardin m'attirait, mais il me fallait un prétexte pour m'y promener. Des pinces à linge y tombaient parfois. J'en ai aussi jeté beaucoup ! Ainsi, afin de rendre service à ma maman, je lui recherchais ses précieuses pinces en bois. Evidemment, elle me le défendait, mais j'aimais tant lui rendre service !

Arrive trop vite le temps d'aller à l'école et cela va être Drôle. Des idées, je vais en avoir ! Faire des blagues, Oui, ça me ressemble ! Faire mal, Non, ce n'est pas mon souhait ! C'est pourquoi je ne suis pas fier du récit qui suit. Pendant un moment, je pensais ne pas vous le conter. Le premier jour de maternelle, ma première Drôle D'idée traverse mon esprit durant la récréation. Le sol de la cour était couvert de bogues de marrons hérissées de piquants. J'en ai rempli la culotte d'un de mes petits camarades. Depuis, cela me hante. Je ne me rappelle plus ton prénom, mais si tu lis mon livre, je te demande pardon. J'espère sincèrement que cela n'a marqué ni tes fesses, ni ton âme.

Avant d'aller en classe, beaucoup de Drôles D'idées me venaient. Mais avant tout, je tiens à préciser que je ne suis ni pervers, ni narcissique et ni pervers narcissique. L'unique amour de ma vie, je l'ai connue très jeune, mais je vous conterai cette épopée un peu plus loin, dans cet ouvrage.

Ne perdez pas le fil ! Revenons à notre petit balcon où un jour, j'ai proposé à ma sœur de jouer au docteur. Je dois l'ausculter, aussi faut-il qu'elle se déshabille. Une fois qu'elle est toute nue, je lui dis que vu sa maladie, il me faut chercher des médicaments. Je rentre non pour prendre soin de ma sœur, mais pour retrouver maman et lui rappeler que c'est l'heure d'aller à l'école. Elle me demande où est Liliane. Elle n'a pas tardé à la trouver en tenue d'Eve et j'entends : « Quoi ? Encore une fois ? ». Eh oui, ce n'était pas la première fois… Ma sœur a été fessée, car la nudité en extérieur est totalement proscrite par la loi. Mais nu, tu viens au monde et nu, tu t'en iras.

A la maternelle de mon quartier du Kattenbach(4), Christine ma petite voisine s'oppose à moi. La raison de notre chamaillerie a été oubliée dans les méandres du temps, mais on se bat. Ses deux boucles d'oreilles tombent. Les lobes sont déchirés et ils saignent. De retour à la maison, j'en parle à maman. Elle est horrifiée et, me prenant par la main, nous sonnons à la porte de nos voisins. La mère de Christine nous ouvre et ma maman, catastrophée par ce qui est arrivé désire réparer. Devant le repentir, la maman de Christine dit qu'elle n'est pas surprise, que cela devait arriver, car sa fille est insupportable. Ouf, je m'en sors bien encore, pour cette fois.

Quelle Drôle D'idée que de se battre avec les filles ! Quelques années plus tard, ma sœur Liliane fait du judo à l'école. Elle se vante de battre tous les garçons de sa classe. Je lui réponds que ses copains n'osent pas, parce qu'elle est une fille. Elle met son kimono et revient vers moi. J'ouvre l'armoire de notre penderie avant de l'inviter à me montrer ses talents de combattante. Je la pousse. Elle me pousse. Nous nous poussons et je vais vous donner un cours sur cet art martial.

Tomoe-Nage ou projection en cercle est une technique de projection de judo. C'est le septième mouvement du troisième groupe du Gokyo, un mouvement du Nage-no-kata. Il est communément connu sous le terme d'usage de 'planchette japonaise'. Cette technique appartient à la famille des Sutemi qui se traduit par sacrifices. L'attaquant se laisse tomber sur le dos en entraînant avec lui son adversaire. Mettant son pied sur le ventre de ce dernier, il finit par le projeter en arrière, au-dessus de lui. Il se sacrifie, mais emmène dans sa chute son ennemi façon attaque kamikaze(5). C'est une technique moins casse-cou qu'il n'y paraît, et ma sœur termine, la tête la première, dans la penderie. Bien sûr, l'étagère du haut finit par lui tomber dessus et il me semble que mon papa lui-même, ceinture noire et ancien instructeur de combat, devait être fier de voir ses enfants suivre son exemple.

Revenons à l'école du Kattenbach(4), terrain de jeux extraordinaire où j'ai toujours fait de mon mieux. A six ans, le CP a été pour moi un Cours Préparatoire aux grandes écoles. Les souvenirs de cette époque sont diffus, le temps qui passe, les souvenirs qui s'effacent, mais deux choses ont marqué ma mémoire. La première est qu'à chacune de mes frasques, le professeur s'approchait de moi, sortait un couteau de sa poche, le dépliait et le plantait dans ma boîte à bons points vide. Cela n'a jamais empêché de nouvelles Drôles D'idées et la boîte à bons points ressemblait plus à une écumoire qu'à une boîte à images. Il me semble que cette pratique est passée à l'oubli depuis, dommage !

La deuxième est la coupe du plus courageux que j'ai reçue cette année-là de ce même professeur. Tu m'étonnes, il sortait toujours son couteau et moi je continuais mes Drôles D'idées. Pour bien comprendre le pourquoi de ce prix, il faut que je vous avoue ma phobie de l'eau. J'en avais peur, effroyablement peur. Ainsi, pour me laver les cheveux, mon papa devait être à la maison et nos voisins disponibles.

Il fallait quatre personnes pour ce soin du corps si désagréable. Les deux hommes me tenaient pendant que les deux femmes me lavaient. C'était exceptionnel et bien évidemment, j'ai très vite anticipé ces moments extraordinaires en me cachant dans la maison. Je me rappelle mon papa me cherchant sous mon lit et le démontant pour pouvoir m'atteindre, quand les coups de ceinture devenaient inefficaces. Encore aujourd'hui, chez le coiffeur, ça reste compliqué. Je n'aime toujours pas le lavage des cheveux.

Ne perdez pas le fil et revenons à cette année de CP ; arrive le moment d'aller à la piscine. Barboter dans l'eau en ayant pied était acceptable, mais vous vous rappelez ce professeur qui avait toujours un couteau sur lui ; c'est lui et lui seul qui nous encadrait au bassin olympique. Il a conduit toute la classe côté deux mètres vingt de profondeur, mais pourquoi ?... Pour que les élèves sautent à l'eau, mais pourquoi ?... Pour que le professeur puisse les sauver en montrant son adresse avec sa perche. Inimaginable et pour moi, c'était infaisable. En file indienne, les élèves attendaient leur tour. Le dernier, je ne monte même pas sur le petit sautoir et je fais part à mon professeur de mon refus catégorique, c'est NON !

Mais comme il venait vers moi, il m'a fallu passer en mode survie et j'ai couru vers les vestiaires pour m'enfermer dans un sanitaire. Le professeur, accompagné de toute la classe, se poste devant la cabine que j'avais bien évidemment verrouillée. Il me demande d'ouvrir, mais il est hors de question de quitter ma forteresse. Aussi, il fait passer un de mes petits camarades sous la porte. Il avait pour consigne d'ouvrir et moi toujours en mode survie, je lui ai mis la tête dans la cuvette. Le maître encourageait cet élève, mais les cris de ce dernier, plongé au fond des abysses, ont été suivis par ceux d'un autre camarade venant, lui, par le dessus de la porte. J'ai alors mis mon pied sur celui à la tête entourée de senteurs incomparables pour pouvoir me redresser et saisir celui arrivant des cieux. Malgré mes efforts, ce deuxième élève a réussi à lever le loquet de la porte. Au vu de la détresse de mes deux camarades et certainement pas de la mienne, mon cher professeur m'a empoigné et a fini par me jeter au milieu du grand bain.

C'est ainsi, que j'ai appris à nager. Revenu par mes propres moyens au bord, j'ai été acclamé par toute la classe et c'est cela qui m'a valu la coupe du plus courageux. Je ne comprends toujours pas ce prix et crois qu'il m'a été attribué en raison de mon opposition à une personne ayant autorité. Dans tous les cas, depuis, je sais nager.

L'année suivante, j'ai fait mes premiers pas d'écrivain à l'école élémentaire du Bungert[6]. Cette dernière éditait une petite revue dotée de nouvelles et des meilleures rédactions d'élèves. Il me faut vous avouer que je n'ai jamais été parmi les premiers de la classe, en tout cas pour les matières classiques, mais je n'ai jamais redoublé grâce à l'astuce que je vais vous confier et vous encourager à partager avec vos enfants encore scolarisés. Le premier trimestre n'est pas d'importance. Au deuxième, il est impératif, à minima, de s'intéresser aux pratiques étranges des professeurs. Le troisième est capital. Il faut travailler fort, car s'il y a progression de l'élève au long de l'année scolaire, il passera en classe supérieure.

Ne perdez pas le fil et revenons à mes premiers pas d'écrivain. Je n'imaginais pas paraître dans le journal de l'école, mais une fois choisi, j'ai trouvé le moyen de fidéliser mes lecteurs en écrivant une série palpitante, mais sans véritable fin. Durant plusieurs années, j'ai gardé en haleine mes petits camarades avec un Western où les indiens étaient les héros. Vous voulez être remarqués, alors soyez différents.

Utilisez le talent reçu et ne vous dites pas que vous n'en avez pas. Nous sommes des créatures merveilleuses.

'Je te loue d'avoir fait de moi une aussi grande merveille !' (La Bible) Psaume 139:14

Tous, nous avons, à minima, un talent. Alors trouvez-le, développez-le et faites-en profiter ceux qui vous entourent. Il n'existe pas un seul type d'intelligence. Bien sûr, qu'il faut être bon en mathématique pour devenir chirurgien ou pilote de chasse ! Mais, on veut nous faire croire que nous sommes sans valeur, si nos performances en classe sont médiocres, eh bien, c'est faux ! Il suffit d'utiliser le petit don reçu et nos faiblesses n'ont plus d'importance. L'orthographe et la grammaire ont toujours été mes points faibles, mais mes écrits plaisent. Durant ma scolarité, mes rédactions ont servi en cours de français. Elles étaient écrites au tableau, puis commentées et corrigées. Vous voyez, même ma faiblesse a servi aux autres et j'espère que ce livre vous amènera à vous dépasser.

Ségrégation

Mes premières années ont été marquées par le racisme. J'ai vécu le discrédit et on me traitait de 'chingala'. C'est un gros mot qui, heureusement, n'est plus vraiment usité de nos jours. Je suis à moitié italien et autour de moi, c'était perçu comme une tare. A l'école, on m'a traité de sale italien. Cela aurait pu m'anéantir, mais il n'en fut rien, bien au contraire. Etant merveilleux aux yeux de ceux qui m'aiment, j'ai appris à ces racistes, le savoir-vivre avec doigté. J'y mettais même tous les doigts de mes deux mains dans les taloches prodiguées.

Un beau jour, un grand, très grand élève s'est présenté à moi avec des propos ségrégationnistes et surtout avec violence. Devant la taille de l'individu, j'ai pris peur. Cette peur que nous ressentons tous et si difficile à maîtriser ! Je me mets alors à fuir dans la cour de récréation. Heureusement, j'ai une Drôle D'idée ; celle de m'arrêter et de faire face. Je vois dans les yeux de mon agresseur surpris, la peur changer de camp. Je lui attrape la tête et je serre, jusqu'à l'arrivée de la couleur bleue sur son visage. Il reste un long moment au sol ce qui m'inquiète, mais il finit par s'éveiller à ma philosophie antiraciste.

Peu de temps après, arrivent mes premières vacances. J'avais sept ans et je partais pour la première fois, loin de chez moi, dans le village de ma maman. Popoli est une commune de la province de Pescara dans les Abruzzes en Italie. Elle se situe au niveau de Rome, mais côté mer Adriatique. Quel bonheur que celui de faire la connaissance de sa parenté italienne 'con la famiglia e la mamma'(7). Avant de vous conter cette aventure, je dois vous avouer ne pas parler italien. En France, on me traitait de sale italien et cela a produit une chose étrange, un blocage dans mon subconscient. J'ai refusé d'apprendre cette langue pourtant mélodique. Dans ma tête, il y avait cette petite voix qui me disait : « Tu es français, tu parles français. ». Et finalement, je ne suis jamais arrivé à apprendre aucune langue étrangère.

Ne perdez pas le fil ! Je suis en Italie. M'en souvenir est fantastique. Ma famille m'aime, mais cela je le vivais déjà en France, certes différemment, mais pleinement. Et que m'arrive-t-il une fois seul dans la ruelle de Maria et Grégorio, mes arrière-grands-parents ? Trois jeunes de mon âge perchés sur un muret me lancent en italien : « Sei uno sporco francese ! »[8] et des épluchures de pastèque. Alors oui, je ne parle pas italien, mais il ne faut pas exagérer et c'est toujours avec le plus grand doigté que je les fais descendre de ce muret, afin qu'ils comprennent cette philosophie si chère à mon cœur, du 'NON au racisme !'. Ensuite, les mamans de ces trois petits viennent se plaindre auprès de mon arrière-grand-mère. Nonna[2] m'emmène dans la chambre. J'entends les paroles fortes des femmes dans la pièce du dessous. On me prie de rester là, hors de portée des mères furieuses.

Mais qui suis-je ? En France on me traite de sale italien et en Italie de sale français… La réponse de ma grand-mère est étonnante et tirée d'un dicton local : « Non sei ne pesce, ne baccalà ». Cela veut dire : « Tu n'es ni un poisson, ni une race de poisson » et elle finit par me dire que j'étais un con. Pour sûr, en plus de signifier 'morue salée et séchée', le sens figuré de 'baccalà' est une insulte. En recherchant une connotation océanique, mon interprétation de ce mot irait vers 'cruche des profondeurs' ou 'abruti d'une stupidité abyssale'. Ah, les langues étrangères, quelle richesse ! Et, je me suis enrichi d'un caractère éprouvé, d'une apparence bien bronzée et d'une logique plutôt germanique.

De retour en France, un petit portugais rejoint ma classe de CE2 en cours d'année. Il ne parle pas français et la peur se lit sur son visage. La terreur s'installe en lui, lorsqu'une chaîne inhumaine d'une trentaine d'élèves s'organise dans la cour de récréation. Je ne me rappelle plus le nom de ce petit caïd qui la galvanisait, mais il était de mon quartier et a fini par entraîner avec lui cette multitude vers le petit portugais, figé au milieu de la cour.

La première fois, j'ai eu du mal à en croire mes yeux. En raison de sa différence, on vient de le jeter au sol, il pleure, se fait pipi dessus et tous ceux qui n'ont pas participé à ce lynchage sont là en spectateurs impassibles. Est-ce de l'héroïsme, de la folie ou une Drôle D'idée que de s'interposer devant tant d'adversaires ? La longue chaîne inhumaine se remet en mouvement pour un deuxième passage à l'acte, quand je m'interpose. Surprise, elle s'arrête devant le super anti-héros. Je me souviens avoir saisi le chef de ce groupe, l'avoir soulevé et jeté au sol. La dispersion est immédiate. Le petit caïd est bien sûr passé se plaindre à ma maman. Il lui a montré ses écorchures et bosses, quand ma chère mère lui répond : « Il ne se plaint jamais, alors ne te plains pas non plus. », avant de lui fermer la porte au nez. Il est vrai qu'il était connu comme petite racaille, mais pour lui aussi, mon espérance est qu'il ait changé et trouvé grâce.

La famille

Dans mes tendres années, mon grand-père italien, 'mio nonno'[(9)], était mon modèle. C'est de lui que j'ai mon humour, ma petite taille, le teint halé et le même surnom de 'mani d'oro' qui veut dire 'mains d'or'. Il pouvait tout faire, tout réparer, avoir tant d'amour pour 'nonna'[(2)], avoir tant d'amour pour moi et jouer sublimement d'un saxophone de piètre qualité. Mon grand-père s'occupait du jardin des parents et moi j'y avais de Drôles D'idées, comme celle de creuser un trou profond, avant de le recouvrir de branchages et de terre. Cela ne fonctionne pas vraiment pour capturer les chats, mais pour attraper mon grand-père, ça a parfaitement fonctionné. Fort heureusement, il ne s'est pas cassé les pattes. Cela aurait été un comble pour un italien.

J'avais 11 ans, quand le cancer des os l'a malmené, pourtant il continuait à me visiter. Le premier avril 1976, mon grand-père passe un bon moment avec moi avant de rentrer chez lui en traversant la ville, la canne à la main. Quand il arrive auprès de ma grand-mère, cette dernière prend son téléphone pour me parler vivement, rien qu'en italien. Même si tu n'as pas appris la langue, tu comprends la signification à l'intonation. J'avais couvert le dos de nonno[9] de poissons de papier.

Sans mon grand-père, je me sentais bien seul au milieu des femmes de la famille : ma mère, ma grand-mère et mes 3 sœurs. Eh oui, après ma sœur Liliane, des explosettes[10] de joie finirent par me donner deux nouvelles sœurs, d'abord Myriam, puis Lydia. Toutes ces femmes à la maison pour uniquement trois chaînes dans ces premières années de la télévision ! Mes sœurs n'appréciaient pas forcément à leur juste valeur les émissions que j'affectionnais. Alors, je me mettais à faire la loi, quand l'autre grand mâle était absent, le père ceinture noire de judo.

A l'heure du film, je quittais ma chambre, courais en descendant l'escalier, changeais de chaîne, laissant mes sœurs médusées et poursuivant ma course vers les toilettes. La vessie devait être vide avant un film, car ce dernier ne pouvait pas être mis sur pause à cette période de l'histoire. Nous avons vécu des moments sympathiques et d'autres vraiment difficiles !

Commençons par les moments sympathiques. C'était vraiment bien, quand on était tous d'accord.

Pour ce, je proposais parfois une lutte gréco-romaine et le vainqueur décidait du choix du programme. Nous retirions la table basse par sécurité et généralement, je combattais Liliane en premier. Il est préférable de toujours mettre hors combat le leader du groupe adverse. Liliane, une fois couchée au sol, je pouvais facilement placer Myriam sur elle. Lydia était petite, aussi je faisais attention de ne pas la blesser et la plaçais au-dessus de cette pyramide qui pouvait compter jusqu'à cinq personnes, mes trois sœurs, ma mère et la grand-mère, les jours de fête.

Les moments vraiment difficiles étaient nombreux, je ne vous conterai que trois cas marquants. Je cours et au lieu d'aller aux toilettes, je me saisis d'une bouteille d'eau sur la table de la cuisine. Il y avait du schnaps dans cette bouteille oubliée par mes parents. Le schnaps désigne informellement, dans les régions germanophones, les eaux de vie. La base peut être des fruits, en particulier des cerises ou des prunes, tout comme les mirabelles et les quetsches ; la framboise elle, est une merveille, sans compter le marc de gewurztraminer alsacien. Traditionnellement, le taux d'alcool est compris entre 45 et 50 degrés pour les fruits à pépins et entre 50 et 55 degrés pour les fruits à noyau. La gorgée de cet élixir m'a calmé pour la soirée.

Les filles sont sur le canapé et regardent un truc de filles. Sincèrement, il n'y avait rien de correct ce soir-là, mais il fallait leur rappeler qui avait la main. Je ne dis pas sur la télécommande, car elle n'était pas encore inventée. A cette époque pas si lointaine que cela, il fallait se lever du canapé et changer la chaîne sur le poste de télévision.

Ne perdez pas le fil ! Les filles sont sur le canapé et regardent un truc de filles, quand je change de chaîne pour regarder un match de boxe anglaise. Je vous laisse imaginer que cela ne pouvait pas finir par de la diplomatie. Ames sensibles, passez au chapitre suivant.

Pendant que je regarde le combat, Myriam se lève et remet l'émission féminine. A nouveau, je remets la boxe. Ma sœur revient ; sans télécommande, c'était sportif. Elle finit par rester à côté du téléviseur. Je fais de même et pour la tenir à distance, je mime le combat en cours. Myriam s'approche un peu trop et indépendamment de ma volonté, elle est heurtée par mon direct du droit, vole au-dessus de la table basse et fin du combat par KO.

Bien sûr, que j'étais corrigé par mes parents et même très régulièrement. Je ne compte pas les objets qui ont fini leur vie sur ma tête : brosses à cheveux, assiettes, louche et même une soupière. Ce n'était pas facile, vous pouvez me croire ; les objets les plus redoutables étaient le martinet, la ceinture et par-dessus tout, la rallonge électrique fine sans prise de terre, elle te laisse des marques qui pourraient te pousser à renoncer.

Myriam, je lui ai demandé pardon et je ne suis vraiment pas fier de l'histoire suivante. Faut-il que je retire cette Drôle D'idée, ce coup de folie de ce livre ? Faut-il vous évoquer uniquement les moments hilarants et sympathiques ?... Je me lance et vais essayer de ne pas enjoliver ce qui est arrivé. Vraiment, âmes sensibles passez le chapitre ! Dernier avertissement !

Ce soir-là, il y avait un Western sur la troisième chaîne. Son titre, je m'en souviens, était 'Ton heure a sonné'. Il devait passer à 20 heures et mes sœurs se liguaient contre moi. Contre toute attente, le mâle alpha rentre tôt. Myriam parle donc au père et le soumet à sa volonté. Il me regarde et avec fermeté, il me dit : « Ce soir, ce sont les filles qui choisissent la chaîne de télévision. ». Tu ne seras jamais plus persuasif qu'une femme, elle te supplantera toujours. Mes arguments sur la qualité de ce Western n'ont pas fait sourciller le chef de famille.

La soirée commence, mais sans moi. Ils sont tous en train de regarder cette chose sans indiens, sans cow-boys et sans vaches. Juste à côté dans la cuisine, nous avions une cuisinière à bois et charbon.

Je la charge et attise le brasier avant d'y introduire le tisonnier. Un fois ce dernier chauffé à blanc... j'appelle ma sœur. Pour la dernière fois, âmes sensibles passez ce qui suit !

Elle me rejoint et sans compassion, *-elle me sourit malicieusement-*, juste avant que je ne la couche sur la table de la cuisine et lui relève sa jupette. Je n'ai pas pu voir ce Western, mais au moins j'aurai « marqué » ma sœur... c'est effroyable, je sais.

J'aurais pu vous dresser un tableau idyllique de mes Drôles D'idées, de ma vie et de mes aventures, mais les côtés sombres nous enserrent tous. Notre vie est bonté, douleur, noirceur, joie, paix et, meilleur que mes sœurs, je ne le suis pas. Elles ont la grâce, l'intelligence et la subtilité qui me manquent.

'Que celui de vous qui est sans péché me jette la première pierre.' (La Bible) Jean 8:7

Les années collège

C'est avec émotion que je me remémore ces tendres et douces années. Comment s'intitulait ce cours de brico-bidouillage-improbable[11] ? Je ne sais plus, mais un jour l'objectif était de créer une œuvre d'art avec des allumettes. Nous étions notés, bien évidemment, à la fin de la séance. Ayant achevé mon ouvrage, je voyageais de table en table jusqu'à cette Drôle D'idée.

Il y avait cette clôture jouxtant une très belle demeure sur le plan de travail de ce groupe. Quand tous les autres œuvraient avec des allumettes usagées, eux travaillaient avec des allumettes prêtes à vous donner la flamme. Vous savez, j'ai la sécurité dans l'âme et fait la démonstration du pire scénario catastrophe de l'histoire possible en grattant un élément de la construction. En une fraction de seconde, le feu a fait le tour de la clôture avant de se propager à la maison toute entière. C'est incroyable comment l'œuvre de toute une vie peut disparaître en un battement de cils. Nous sommes vraiment très peu de chose.

Le 14 mai 1979, du haut de mes 14 ans, je m'apprête à défier encore une fois l'autorité. En ce mois de mai, fais ce qu'il te plaît ! L'expression populaire a-t-elle un sens, si on ne la réalise pas ? Le président de la République, Monsieur Valéry Giscard d'Estaing va faire un discours public dans la ville de Thann. Mon établissement scolaire est réquisitionné pour le cantonnement des forces de l'ordre assurant la sécurité du chef d'état. Il n'y a donc pas classe, mais j'ai eu vent que 2 professeurs d'anglais se rebellaient et voulaient coûte que coûte faire cours. Ces 2 soixante-huitards se présentent devant l'entrée de l'école et sont évidemment refoulés. La langue vivante que j'essayais d'apprendre était l'allemand, mais j'avais envie d'aider ces partisans de la langue de Shakespeare.

Passe-muraille est l'un de mes surnoms et j'invite ces 2 enseignants ainsi que les 4 élèves qui les accompagnaient à m'attendre à l'arrière du collège. Comme à mon habitude, j'escalade le mur du préau pour accéder à la cour sans me faire voir. Ensuite, il était certain que toutes les portes seraient ouvertes pour la centaine de gendarmes qui y séjournaient. Une fois dans la place, discrètement, je me glisse dans une salle du rez-de-chaussée, donnant sur l'arrière du bâtiment.

La sécurité présidentielle facilement déjouée, j'ouvre la fenêtre pour faire entrer le reste de la troupe. C'était amusant jusqu'au moment où les 2 professeurs ont commencé à faire cours. Ils souhaitaient disposer d'un rétroprojecteur. La nouvelle génération ne doit pas connaître cet appareil qui permettait de projeter sur un mur ou un écran des documents imprimés sur des supports transparents. Je propose d'en chercher un au CDI, le Centre de Documentation et d'Information du collège, espace d'accueil pour tous les élèves de l'établissement où je me réfugiais souvent pour faire mes punitions. Je me rends dans cette salle transformée en dortoir géant pour les gendarmes. Ils me regardent, consternés, traverser la pièce. Je me saisis de l'appareil appelé également diascope, et un officier me demande ce que je fais là. Et toute la classe a été expulsée des lieux en douceur. C'était mon premier et dernier cours d'anglais !

Le mardi gras de cette même année, j'ai voulu organiser une fête qui devait être celle de la réconciliation avec la gent féminine. L'origine de ce jour, pas très saint, prend racine à l'époque romaine. Il correspondait aux calendes de mars, une fête païenne où l'on célébrait la fin de l'hiver et l'arrivée du printemps. A cette occasion, les citoyens rendaient honneur au dieu Mars, se déguisaient et pouvaient transgresser les interdits. N'ayant aucune envie de vénérer ce dieu païen, je m'apprêtais juste à braver le défendu. Tous les garçons de ma classe m'avaient fait le serment de me suivre dans mes délires. Mais le jour venu, nous n'étions que trois dans les urinoirs de l'établissement à nous changer.

Nous nous sommes habillés en fille et avons emmené des instruments de musique pour jouer la sérénade à nos professeurs. Donc, uniquement à trois, et en retard, nous arrivons en cours de mathématiques assuré par une sœur catholique. Je ne dis pas bonne sœur, car je n'ai pas toujours passé de bons moments avec elle. Mais imaginez la tête de cette enseignante ecclésiastique qui voit se présenter à elle trois Drôles D'élèves. Oui, que trois, car ils sont nombreux les copains sur qui tu ne peux pas compter !

Au moment où cette professeure se demande ce qu'elle allait bien pouvoir faire de nous, le bras droit du principal entre dans la classe et là, c'est sûr, nous allons être collés correctement avec une bonne Loctite époxy(12). Toute la classe est restée pétrifiée à l'idée de notre sort, mais quand nous sommes revenus pour leur annoncer les consignes reçues du proviseur, la nouvelle s'est vite propagée dans toute l'école.

Il voulait que nous restions habillés ainsi jusqu'à l'après-midi ; en tant que responsable du club photo, il souhaitait faire quelques clichés de nous. Pour l'instant, il n'avait pas son équipement. Il faut dire que nous étions séduisantes avec nos maquillages de princesse. Cela a été une journée splendide et finalement, tous les élèves de l'école se sont déguisés et ont participé à cette Drôle D'idée.

Les jolies colonies de vacances

En 1876, Hermann Walter Bion, pasteur suisse, ému par la mauvaise santé des enfants défavorisés de Zurich, organise la première colonie de vacances de l'histoire. Il permet à 68 enfants de profiter de la nature et surtout du grand air d'Appenzell.

Une centaine d'années plus tard, Jean le pasteur de ma petite église locale, propose un séjour de loisirs éducatifs en Suisse alémanique. Ses 2 fils, ma sœur Liliane, 3 autres jeunes de ma communauté, et moi-même, nous baignerons au sens propre et figuré dans tout ce qui fait la Suisse alémanique. La langue, difficilement compréhensible par la plupart des germanophones d'Allemagne ou d'Autriche, les hautes montagnes et la vie sauvage ont été le quotidien de 7 jeunes venus de France. Les moniteurs ne parlaient pas français, mais se sont fait comprendre, quand à peine arrivé, j'eus la Drôle D'idée d'inviter tous mes concitoyens à se baigner dans le bassin jouxtant le gigantesque chalet nous servant de logis. Malgré la proximité de la forêt et de la fraîcheur environnante, l'eau était vraiment bonne, quand les moniteurs nous ont fait sortir du bassin de décantation des eaux usées du site.

Dès la première sortie pédestre, nous nous sommes aperçus que la Suisse n'était pas aussi propre que ce qu'on en dit. Le fils aîné de mon pasteur a trouvé un objet cylindrique muni d'ailettes. Samuel désirait garder en souvenir la queue de cette petite bombe, mais n'arrivait pas à la dévisser du corps de cet engin pétillant. Quand j'ai entendu le bruit métallique des coups qu'il donnait contre un rocher, je me suis approché de lui. A la vue de la munition militaire, je me suis jeté au sol en le conjurant d'arrêter. Par bonheur, un paysan est intervenu, a confisqué le souvenir étonnant ou détonnant et nous a priés de quitter son champ... militaire.

Les mœurs de cette confédération suisse, datant de 1291, m'ont étonné. Il y avait ce jeune qui ramassait des limaces. Durant les sorties, il emplissait sa gourde de ces gastéropodes, en buvait l'eau et quand il avait besoin de protéines, il avalait l'animal vivant. En tant que français, et mangeurs d'escargots, je ne pouvais dire mot. Un jour, dans le réfectoire, voulant partager les valeurs de la France, j'ai placé quelques mollusques à coquilles dans l'assiette de ce suisse allemand. Au moment où il a mis l'animal dans sa bouche, un craquement s'est fait entendre et Samuel a rejeté une partie du contenu de son estomac. Quand ce dernier revient de l'infirmerie, il se remet à table et demande qu'on lui passe la salade. Le mangeur de limace retire la feuille de laitue prémâchée de sa bouche pour la déposer dans l'assiette de Samuel qui, après s'être vidé pour la deuxième fois, repart pour l'infirmerie.

En aparté et en dehors de cette colo où tu as failli mourir plusieurs fois, Sam, rappelle-toi de ce nouvel an. Les parents festoyaient dans l'église quand tu as voulu me montrer le '**Vélo Solex**' que tu bricolais avec ton frère.

Moteur :	*monocylindre 2-temps*
Cylindrée :	*45 cm3*
Puissance maximale :	*0,4 cv à 2000 tr/min*
Vitesse maximale :	*25 km/h (si pas traficoté...)*
Poids à sec :	*28,5 kg*
Réservoir :	*1,5 l*

Le slogan publicitaire de cet engin léger, rustique et économique était 'La bicyclette qui roule toute seule !'. Appelé couramment Solex, ce cyclomoteur a été produit à plus de sept millions d'exemplaires entre 1946 et 1988. Il a été très populaire chez les lycéens, les étudiants et les ouvriers. C'était en quelque sorte la 2 CV des cyclomoteurs. Il pouvait se conduire sans permis dès l'âge de quatorze ans, mais nous en avions douze...

Sam, rappelle-toi de ce nouvel an. Derrière l'église, ni toi, ni ton frère n'arriviez à la démarrer. Avec appréhension vous m'avez laissé le guidon de votre trésor. Je suis bien parti et bien revenu mais sans le Solex. Un coup de sifflet m'a fait croire à un contrôle de police et j'ai couché la machine sur le bas-côté avant de me sauver en courant *-pour aller plus vite-*. Finalement avec la plus grande précaution, nous l'avons récupéré devant la salle de sport de ton quartier. Ce soir-là, il n'y avait aucun policier en patrouille. J'avais entendu le sifflet d'un arbitre de basket. Quelle Drôle D'idée que de faire un match de basket le soir du nouvel an...

Ne perdez pas le fil et revenons à notre colonie de vacances. Rassurez-vous, dans l'histoire qui va suivre, Sam ne finira pas à l'infirmerie. Notre Dieu nous a véritablement protégés, une fois de plus... Un après-midi, quand tous les moniteurs s'en sont allés pour une réunion de prière à l'église du village, je peux vous dire que nous avons été gardés par les anges.

Il était bien interdit de sortir du bâtiment, mais les français étaient rebelles. Côté jardin, le toit de ce gigantesque chalet en bois était à 1 mètre du sol. Quand nous avons entendu le cuistot sortir, l'un de mes camarades s'est précipité pour entrer dans le bâtiment et s'est fait prendre. Les autres m'ont suivi jusqu'au sommet de la toiture. Nous étions 5 à nous tenir sur la faîtière du toit, pendus par les bras, sur le versant opposé au potager.

La hauteur du bâti était vraiment impressionnante. Si un côté nous permettait de monter facilement sur la toiture, l'autre était bien à 15 mètres du sol. Et voilà qu'à présent, le cuistot crapahutait dans son jardinet. Que faire pour ne pas être vus et collés ? Le bâtiment étant en 'L', j'ai cherché à me rendre sur le versant invisible au cuisinier-jardinier. C'était risqué au vu de la hauteur. Mes camarades étaient sur le point de se rendre, quand je me suis lancé. Glissant sur les tuiles, je me suis servi d'une cheminée pour arrêter ma course et regarder si la fenêtre du dortoir des filles était ouverte. Elle l'était. Un à un, la peur au ventre, mes compagnons se sont laissé glisser jusqu'à moi. Sécurisant leur course, un à un, je les ai fait entrer par la fenêtre de toit ouverte. Celle-ci nous a permis d'atteindre le dortoir des filles et de redécorer la pièce, en vidant toutes les valises en son milieu.

Comme j'avais de Drôles D'idées jour et nuit, un moniteur m'a placé à l'extrémité du dortoir, à côté de son lit. Nous dormions tous sur des lits de camp pliables. Ce mono ne parlait qu'allemand et pour se faire comprendre, il me frappait avec une canne. Il pensait à tort me faire marcher à la baguette. En raison de son absence de cheveux, son surnom était 'tête de petit pois'. L'obscurité tombée, je parlais, chantais et disturbais la chambrée, et le 'petit pois' tapait de sa canne ce jeune français qu'il pensait alité comme lui. C'est du moins ce qu'il croyait faire ! J'espère que ce livre sera traduit en allemand. Alors, il découvrira que j'avais placé un leurre sur mon lit et que j'étais bien à l'abri en-dessous.

Un beau jour, la maman de 'tête de petit pois' est venue. Elle avait un chignon magnifique qui marquait son autorité bien germanique. Le fils était soumis à sa mère qui a nettoyé son linge et son couchage. Comme le soir, rien n'était sec, il s'est mis au lit, nu, recouvert d'un simple drap. Au cours de la nuit, j'ai attendu qu'il se rende aux toilettes pour replier les pieds de son lit qui tenait à présent en équilibre précaire et j'ai fait un raffut de sorte à réveiller toute la colo. Notre moniteur est revenu en haussant le ton, puis s'est remis au lit. Au moment de l'effondrement de son couchage, les monitrices, réveillées par le vacarme, allument la lumière de la pièce. Notre 'tête de petit pois' est au sol, écossé, nu, son drap s'étant dérobé. Il vocifère en me regardant, mais je fais semblant de dormir comme la plupart des français.

Cette nuit-là, j'ai constaté que le fils cadet de mon pasteur, Daniel dort les yeux ouverts. C'est lui qui a pris les coups de bâton.

'Les jolies colonies de vacances ! Merci maman, merci papa. Tous les ans, je voudrais que ça recommence, you kaïdi, aïdi, aïda...'

Chanson de Pierre Perret

Musique maestro

Mon père a fait le conservatoire et a gagné par deux fois la coupe de l'association des professeurs agréés HOHNER à Paris. Ah, si j'avais eu son talent…

Il m'a obligé à apprendre l'accordéon, très jeune. A l'âge de douze ans, je lui ai demandé son accord pour prendre des cours de batterie. Sa réponse fut : « Oui, mais tu continues l'accordéon. ». Avec mes difficultés en classe et deux instruments de musique à travailler, j'ai choisi de mettre fin à ma carrière prometteuse de judoka, tout juste à l'obtention de la 3ème dan de ma prestigieuse ceinture jaune.

En cours de musique, j'ai été le pire élève de mon papa, peut-être à égalité avec le fils de son meilleur ami. Michel se reconnaîtra d'autant plus que son père a permis au mien la correction physique, s'il ne travaillait pas. Je n'allais plus être le seul à être battu pour apprendre la musique.

Je dois vous avouer que devenir batteur était pour moi l'occasion de pouvoir à mon tour donner des coups.

'Le Seigneur Jésus lui-même a dit : « Il y a plus de bonheur à donner qu'à recevoir ! »' (La Bible) Actes 20:35

Je me souviens de ce cours avec ma sœur Liliane et mon compagnon d'infortune, Michel. Voyant que je n'avais pas touché mon instrument de la semaine, mon père m'a demandé de me retirer et de m'exercer dans la pièce d'à côté. Michel m'a rapidement rejoint pour la même raison. Les cours se faisant chez nous à la maison, j'ai pu chercher dans ma chambre mon cadeau de Noël, un casse-bouteilles. Couchés à même le sol, avec le fusil et le pistolet en plastique reçus, nous tirions des balles en caoutchouc sur les bouteilles du jeu placées sur nos accordéons. C'était plaisant d'avoir trouvé une nouvelle fonction à ces instruments de musique que ni lui, ni moi n'avions demandé d'apprendre. Après plusieurs minutes sans son émis de nos bignous, mon père est venu nous rejoindre et nous sommes devenus compagnons de panpan cucul.

Le premier club d'accordéon où mon paternel distillait ses cours comprenait soixante-dix élèves. Une fois par semaine, nous répétions en ensemble instrumental. Que dire de la fois où, clairvoyant comme je le suis, mon père a arrêté la répétition en raison d'une cacophonie monumentale. Il a pris un par un chaque musicien pour qu'il joue la partie complexe de la partition. Personne n'y est arrivé et quand ce fut mon tour, il s'est exclamé : « On n'essaye même pas ! » et j'ai répondu : « Mais pourquoi ? ». Il faut dire que j'ai une capacité d'anticipation rare et je sens très longtemps à l'avance ce qui va se produire… donc j'avais bossé à fond cette partie du morceau. Je crois que c'est la seule fois que j'ai joué à la perfection de cet instrument ! Et mon père s'est assis un long moment pour reprendre ses esprits.

Un jour, au départ pour une répétition de musique au club, j'ai convaincu ma sœur cadette de se cacher dans l'étui de l'instrument de mon père. Arrivé au local de l'association, le directeur technique, que j'appelais également papa, posa ce qu'il croyait être son accordéon sur son habituel bureau. Vous auriez dû voir sa réaction quand, à l'ouverture de sa caisse, Lydia est apparue ; il s'est exclamé : « Où est mon instrument ? ». A partir de cette date, il a utilisé une baguette de direction…

Lycée Technologique

J'ai choisi l'électrotechnique[13] au vu de mes capacités limitées dans le domaine des langues, de l'orthographe et des mathématiques et puis, je suis une vraie pile électrique. A partir de l'année de la seconde, j'ai pris le train, chaque jour, sur environ 20 kilomètres, et ce, durant 5 années. Pour gagner du temps le matin, je n'allais pas jusqu'à l'entrée de la gare SNCF. L'accès du côté du cimetière était bien plus court, mais il fallait prendre le train à contre-voie, sans se faire attraper par le chef de gare. Bien sûr, les portes des wagons ne s'ouvrent pas automatiquement de ce côté-là, il faut les forcer un peu et ATTENTION… un train peut en cacher un autre.

Parfois après les cours, muni d'une pancarte indiquant le nom de ma ville, je rentrais en autostop en faisant de Drôles de rencontres, passant du représentant en lingerie fine au routier de convoi exceptionnel.

Le bizutage est un rite initiatique de passage, mis en place par les anciens pour les nouveaux arrivants au sein d'une école ou d'une institution. Il consiste en un ensemble de brimades, d'humiliations, de vexations qui peuvent s'avérer amusantes, mais également dramatiques.

Au moment où j'entrais en seconde, j'ai retrouvé Bertrand, un ami musicien alors en classe de Terminale. Il a tenté avec constance de me bizuter, de me marquer le visage au feutre. Mes Drôles D'idées ne lui ont jamais permis d'arriver à ses fins et ce, même durant nos déplacements en train. Du style anguille électrique, j'étais insaisissable. Un jour, avec une dizaine de camarades, il m'a bloqué l'entrée de l'établissement, depuis la cour de récréation. Il faut dire que pour leur échapper, je me suis réfugié au sommet d'un panneau de basket. Ce jour-là, je me suis dit que cette fois, je n'y échapperai pas. Mais qu'avais-je à perdre ? J'ai foncé dans le tas et fait tomber quatre gaillards. Je me suis débattu comme un forcené, et ils ont abandonné leur projet, certainement pour ne pas me blesser. Même dans les moments désespérés, ayez foi, car rien n'est écrit d'avance.

Tout cela pour vous dire qu'une fois en terminale, j'ai bizuté à tour de bras, notant au marqueur noir les références de ma classe sur le front des petits nouveaux. J'étais pris de frénésie, tout comme un piranha dévorant ses victimes.

Formellement interdit depuis la publication d'un décret en 1928, le bizutage s'inscrit comme un délit dans le code pénal, depuis la loi du 17 juin 1998 relative à la prévention et à la répression des infractions sexuelles ainsi qu'à la protection des mineurs. Appliquée au champ scolaire et socio-éducatif, la loi a évolué en 2017 pour s'étendre au champ sportif et cela a été très sport ce jour de rentrée en Terminale.

Tous ceux qui croisaient ma route étaient donc marqués avec la complicité de mes camarades, les plus proches. Toutefois, on m'a résisté intensément une fois. Toute ma section est en attente devant la salle de cours et personne pour m'aider. Je ne comprends pas ce qui arrive, mais ne lâchant rien, j'utilise une technique de projection de judo. O-soto-gari ou grand fauchage extérieur et 5ème mouvement du Ik-kyo. Technique de pieds et de jambes, il me faut placer mon pied d'appui en alignement avec ceux de mon adversaire, de façon à le déséquilibrer. En percutant la poitrine de ce dernier et en bloquant sa manche, je le fauche avec un grand mouvement de jambes. Une fois au sol et toujours sans aide, il me faut maîtriser mon adversaire en me plaçant entre ses cuisses. D'une main ferme, je le tiens et de l'autre, je ne peux que gribouiller une inscription totalement illisible en raison d'un bizut non conciliant. En tous cas, fier de moi, je me relève. Mais toute ma classe me lance un regard réprobateur. Je crois d'abord que c'est parce que j'ai vraiment mal écrit les références de notre classe sur cette pauvre victime ! Que nenni[3], je viens tout simplement de bizuter une jeune professeure de l'établissement. Heureusement pour moi, elle s'enfuit rapidement et ne peut décrypter mon écriture.

Je me rends au secrétariat pour remettre le chèque de la cantine. Les administratifs sont certainement en pause. En leur absence, je passe à l'arrière du comptoir. Une Drôle D'idée vient de germer dans ma tête, je prends un bulletin de notes et y mets le tampon de l'établissement. Ensuite en classe, plusieurs de mes camarades écrivent ce que je leur dicte. Le document finalisé est mis sous enveloppe et envoyé par la poste à mes parents. Par chance, je suis à la maison, quand le pli est ouvert par ma maman.

Elle découvre stupéfaite les progrès incroyables de son fils et me dit : « En allemand, tu as un 18 sur 20 de moyenne ! ». En voyant la joie de ma mère, je jubile. Que de bonnes notes sur ce bulletin, c'est une première, ma maman n'en revient pas. Enfin si, elle en est revenue, quand elle a lu la dernière ligne du relevé de notes. En sport, j'avais 20 sur 20 et l'observation 'sexuellement surdoué' ; tout était faux !

Mes Drôles D'idées étaient parfois éclatantes dans ce lycée. Surtout le jour où j'ai montré au camarade situé juste devant moi, les pétards qui me restaient de la Saint-Sylvestre. Partageur, je lui ai remis non seulement un 'Mammouth', un pétard de grande taille, mais également le feu découvert soi-disant à la même époque. Il m'a prié d'ouvrir la fenêtre pour qu'il puisse jeter le précieux explosif à l'extérieur. Au moment où il y met le feu, je referme immédiatement l'embrasure de fenêtre. A mon sens, c'est la seule solution pour que toute la classe puisse en profiter. La détonation est fracassante et aucun cancre ne peut poursuivre son sommeil. Bien évidemment, le professeur lui aussi se réveille mais, ayant réouvert la fenêtre et regardant à l'extérieur, je m'exclame : « Ils sont fous ! ». Nous étions tous, bien fous !

Les toilettes sont un lieu d'aisance et de sérénité extraordinaires parfois ; surtout quand je n'ai pas de Drôles D'idées. Dans les pissoirs hommes du lycée, je décroche la porte de ses gonds, la pose, en équilibre, entrouverte et admire l'entrée des élèves. Quel spectacle, les uns courent et roulent sur la porte, emportés par la physique des masses, les autres accompagnent la poignée de porte jusqu'à terre, d'autres encore sont pétrifiés devant ce qu'ils ne contrôlent plus, mais tous sont dans l'expectative.

Au début de mon cursus technique, il arrivait que des élèves ouvrent ma trousse pour me piquer un truc. Comment garder à distance ces chapardeurs ? Avant d'aller plus loin, je me dois de vous parler des usages de ce temps, pas si reculé qu'il n'y paraît. Un temps où l'ordinateur était extrêmement rare. Le dessin industriel se faisait sur papier calque avec des feutres de différentes largeurs de pointes. Pour effacer une erreur, il fallait utiliser une lame de rasoir. Vous savez ces lames ultra-coupantes que certains magiciens mettent en bouche et font semblant d'avaler avant d'en faire une guirlande. Voyant cela un jour et ayant pour mes cours un paquet de lames, deux Drôles D'idées me sont venues.

La première fois que vous mettez une lame de rasoir sur votre langue, un sentiment de peur extrême vous envahit. Ce sentiment passé, vous pouvez faire tourner la lame dans votre bouche. Dans un premier temps, sur ses côtés non affutés puis, avec l'expérience, sur les parties tranchantes. Votre bouche et votre langue sont si sensibles qu'il est possible de contrôler à la perfection le coupant du rasoir. Aussi, durant mes cours, mes camarades me voyaient jouer avec mes lames, les mettant en bouche et surtout dans ma trousse par dizaine ! Mettez des lames affutées dans vos affaires et plus personne ne vous volera.

ATTENTION Il est recommandé de ne pas mettre d'objets tranchants ni en bouche, ni dans des mains de personnes totalement saines d'esprit et équilibrées. Laissez cette joie aux magiciens, fakirs et aux personnes ayant de Drôles D'idées.

Durant les années me préparant au Baccalauréat Electrotechnique et au Brevet de Technicien Supérieur, je n'ai jamais côtoyé de fille en classe. Pourtant le lycée en comptait, mais dans des sections plus intellectuelles. La femme a en général une masse musculaire plus faible que l'homme, mais plus de matière grise. A la cantine, elle mange généralement moins. Aussi, je m'attablais toujours avec un maximum de filles. C'était pour avoir plus de miamiam(14). Nous avions également une convention tacite qui donnait à celui assis en bout de table à droite, le droit de se servir en premier.

J'étais à cette place le jour où ce balaise aux origines scandinaves s'est mis face à moi. Ce Viking prend la louche pour se servir et je lui enserre la main en lui rappelant la règle. Il me montre sa virile volonté, du coup, je lui fais un second rappel. Il hausse le ton, avant que je ne tire de toutes mes forces sa main placée sur la louche remplie de raviolis forts appétissants. Il tire lui aussi de toutes ses forces quand subitement, je relâche mon emprise d'un coup. Il reçoit une bonne dose de sauce tomate sur lui avant que je ne lui demande : « Tu en as assez ? ». Je peux vous assurer que jamais plus, il n'a dérogé à la convention tacite du lycée.

Le baccalauréat, appelé plus simplement BAC est ce diplôme phare du système éducatif français qui finalise les études dites secondaires. Aujourd'hui, avoir son BAC est comme un rituel de passage dans le monde adulte, un univers que j'ai rejoint de justesse, au rattrapage. Le diplôme suivant, le Brevet de Technicien Supérieur a été enfanté dans la même douleur. A la dernière matière de ma séance de rattrapage, il me fallait un 18 sur 20 pour décrocher le diplôme. C'était en mécanique et je ne peux pas dire que j'excellais dans la matière. Toutefois, là encore, j'ai prié et j'ai été exaucé. Je suis tombé sur un sujet des annales du BAC que je venais de réviser et j'ai eu mon examen. C'était miraculeux !

Les connaissances acquises m'ont permis d'avoir de Drôles D'idées, Terriblement Technologiques. Ma sœur Liliane reçoit sa correspondante à qui je dois céder ma chambre pour quelques nuitées.

Avec bonheur, je montre à cette charmante jeune fille l'aspect high-tech[15] de ma pièce pour le dodo. En effet, si on tire le tiroir de la commode, le bas du lit est illuminé. C'est super pratique quand, en pleine nuit, tu dois aller au water-closet[16].

Oui, mais j'avais une Drôle D'idée, Terriblement Technologique en tête. Une fois seul, j'ai détourné le circuit électrique pour y brancher une sirène connectée à un amplificateur de 100 watts. Imaginez la suite ! Elle a eu besoin d'éclairage au beau milieu de la nuit... Toutes mes sœurs ont été réveillées, ainsi que mes parents. Et finalement, lorsqu'elle a tiré sur ce tiroir, c'est toute la maison qui s'est éclairée.

Job d'étudiant

Le monde du travail a toujours profité de mes Drôles D'idées et ce, dès que j'en ai eu le droit légal. A partir de 16 ans, j'ai travaillé durant les vacances scolaires d'été. Il me fallait gagner de quoi m'acheter des instruments de musique, éléments de percussions, synthétiseurs, amplificateurs. Mon premier travail, je l'ai décroché dans une usine de vannes. Ce n'est pas une vanne et deux ouvriers de l'atelier m'appellent.

Allez-vous pouvoir suivre et faire la différence entre ces dispositifs qui permettent de réguler l'écoulement d'un liquide et mes Drôles D'idées ?

Ne perdez pas le fil ! Ces deux ouvriers que je vais appeler Pierre et Paul n'étaient pas des apôtres du Christ, mais de petits rigolos voulant s'amuser avec un jeune qu'ils pensaient sans expérience. Malheureusement pour eux, j'en ai de l'expérience dans les Drôles D'idées. Pierre et Paul me demandent donc de leur chercher une clef plate de 240 au magasin.

Une clef de 240 a une ouverture de 24 centimètres. C'est énorme, lourd, et Pierre et Paul n'en avaient aucune utilité. Je la cherche et la pose sur leur établi. Ils rigolent et, heureux, me rappellent pour que je la ramène au magasin. J'allais le faire sans sourciller, quand Paul, en souriant, me demande de la porter au chef comptable, afin qu'il puisse réparer son tracteur. Je me suis rendu au bâtiment administratif. Bien sûr que Pierre et Paul blaguaient, mais ils ne se doutaient pas que j'allais toujours au bout des Drôles D'idées. J'ai fini par trouver le chef comptable et je lui ai posé cette clef d'un poids conséquent sur le bureau en lui rappelant que c'était pour réparer sa machine agricole. De retour à l'atelier, nos deux apôtres de la blague m'ont demandé si j'avais bien ramené l'outil au magasin. A partir du moment où je leur ai avoué l'avoir laissé au chef comptable en leur nom, ils ont compris que nous allions pouvoir travailler ensemble, nos Drôles D'idées!

L'été suivant, j'ai besogné dans une usine textile, au service entretien. Nous étions 3 étudiants, dont la mission première était de nettoyer les encres qui restaient sous les machines d'impression sur étoffes. Cette filature générait son propre courant électrique, grâce à la rivière proche et des turbines situées sous le bâtiment. On nous a demandé de nettoyer le dispositif vidé de son eau. Cela m'a permis d'apprendre à pêcher la truite arc-en-ciel avec une pelle.

L'entreprise était à l'arrêt durant le mois d'août et le midi, nous les 3 étudiants, nous étions seuls à casse-croûter sur le site. Aussi, ma Drôle D'idée a été d'organiser chaque midi une course dans l'atelier principal. Il était bien trop grand pour la faire à pied ; aussi avons-nous utilisé des chariots de manutention motorisés. A l'époque, je ne crois pas qu'il était obligatoire d'avoir un agrément pour conduire ce genre d'engin. Dans tous les cas, ils étaient faciles à manier et nos rallyes d'entreprise n'ont jamais été marqués d'accident, fort heureusement...

Il n'en a pas été de même pour ces travaux d'entretien organisés par notre responsable dans la chaufferie. J'ai le vertige et ce lieu à 50 mètres de haut. A mi-hauteur, on nous ordonne de monter un échafaudage en bois. Cela me paraissait périlleux. Deux jeunes étaient placés au niveau du toit pour hisser les différentes parties, quand on me demande de monter sur une échelle appuyée contre une traverse métallique, au-dessus du vide. A près de 30 mètres de hauteur, j'ai refusé la mission. Le chef, furieux, m'a alors sommé de remplacer l'un des jeunes qui maintenait, grâce à une corde, un pan de l'échafaudage. Monter à 50 mètres de hauteur a été un véritable supplice, mais je l'ai fait et finalement ce truc en bois a été positionné comme le chef le voulait.

La semaine qui a suivi la fin de ma mission, je visite ma grand-mère à l'hôpital. Imaginez ma surprise, lorsque j'ai vu mon ancien chef sortir de cet établissement de soins, grâce à des béquilles, et la jambe plâtrée. Bien sûr, je me suis empressé de lui demander, si l'échafaudage était tombé. Les yeux baissés, sa réponse a été affirmative. Je lui ai fait remarquer qu'il avait eu une Drôle D'idée et beaucoup de chance, que son échafaudage brinquebalant ne soit pas tombé dans le vide de la chaufferie. Il a échappé à la mort de justesse.

A partir de mes 18 ans et durant trois années consécutives, j'ai eu l'honneur de travailler aux PTT durant l'été. Lors de la préparation de mon Brevet de Technicien Supérieur, j'y ai même fait mon stage en entreprise. Avant tout, pour les plus jeunes, il est nécessaire de faire un peu l'histoire des PTT. Les Postes, Télégraphes et Téléphones sont devenus Postes et Télécommunications à partir de 1959, mais le sigle PTT a néanmoins été conservé. C'était une administration d'Etat relevant du ministère des PTT qui, selon les gouvernements successifs des différentes Républiques, avaient en charge d'autres activités comme l'industrie, l'espace et la télédiffusion. Elle est transformée au fur et à mesure des réformes de l'Etat en 2 sociétés de service public 'France Télécom' en 1988 et 'La Poste' en 1991.

En 1983, l'entreprise formait encore une seule entité, quand j'y ai trié le courrier chaque été, jusqu'en 1985. Tant qu'il y a un timbre et une adresse, toute missive arrivera à son destinataire. Même un gant de toilette peut servir d'enveloppe. J'ai réalisé des poupées russes postales en créant des enveloppes de plus en plus petites, toutes timbrées, oblitérées et fermées les unes dans les autres.

Un jour, celle qui sera la mère de mes enfants se désole, car l'un de mes courriers est arrivé chez sa voisine qui, bien évidemment, l'avait ouverte. Aussi, ai-je refait un courrier et posté une enveloppe que j'avais réalisée avec une pochette plastique transparente. J'y avais placé un cœur rouge avec ces mots : 'Je t'aime, mais pschutt… ne le dis à personne'.

Dans PTT, il y a la télécommunication qui est définie comme la transmission d'informations à distance en utilisant des technologies de transmission filaire, voire même par les ondes. Elles se distinguent ainsi de 'La Poste' qui transmet des informations ou des objets sous forme physique. La première forme de télécommunication a été les signaux de fumée. Robert Hooke invente en 1667 le premier téléphone de l'histoire, le téléphone à ficelle. Par la suite, au 19ème siècle, des inventeurs comme Antonio Meucci, Alexander Graham Bell ou Guglielmo Marconi ont mis au point des dispositifs de communication comme le télégraphe, le téléphone et la radio. Ceux-ci ont révolutionné les moyens traditionnels, tels que les pavillons et le télégraphe optique.

Ne perdez pas le fil ! Je suis en stage professionnel dans un central téléphonique en pleine mutation passant d'un système muni de commutateurs électromécaniques à l'informatisation. La nouveauté qui m'était présentée ne m'inspirait pas vraiment. C'était un gros ordinateur pour l'époque, bien sûr, mais pas très Drôle.

En revanche, le vieux central électromécanique toujours actif était génial. Il permettait d'écouter les conversations, de mixer les communications entre elles et d'intervenir dans les échanges très simplement. Il était constitué de rangées de contacteurs électromécaniques reliant les appels à un pupitre de contrôle, équipé de fiches femelles et d'un haut-parleur.

Grâce à des câbles, je pouvais connecter les lignes d'appels entre elles. Je me suis amusé à mettre en communication familles et amis, mais également des clients très étonnés d'être plus de 2 en ligne ; le record atteint a été de 10 personnes connectées ensemble. La surprise des utilisateurs me fascinait. A l'époque, j'aurais dû breveter ma Drôle D'idée.

Enfin un frère

Il m'a fallu attendre ma 16ème année pour avoir un petit frère. Pierre est certainement le fruit d'une explosion atomique. Aujourd'hui, il est très sportif, très fort et me dépasse d'une tête. A ma majorité, il n'avait que 2 ans. Je regrette tant que nous n'ayons pas grandi ensemble ; quand il buvait encore du lait, j'étais déjà à la bière. Alors il y a peu de Drôles D'idées que je puisse vous évoquer avec lui, mais en cherchant un peu…

Les parents sont absents et la couche de mon frère est pleine. Que faire ? Il en a jusque sous les aisselles. Mes trois sœurs restent pétrifiées devant ce petit bonhomme dont la protection fécale déborde. Je le prends du bout des doigts et le dépose dans la baignoire, avant de lui retirer cette chose malodorante. Ensuite, avec la douchette réglée position Karcher(17), il ne me faut que très peu de temps pour le rendre propre. Il pleure, mais une fois qu'il sent bon, mes trois sœurs prennent le relais pour le consoler.

Un Noël, mes sœurs décrochent les boules en chocolat du sapin pour satisfaire le petit dernier, mais il arrive un moment où l'arbre est vide. Profitant d'un instant d'inattention, Pierre se saisit d'une boule en verre cette fois. Il croque dans ce qu'il pense être une friandise et c'est le drame. Le sang coule à flots, quand je le saisis. Puis, le couchant, sa tête abaissée sur mes genoux, je mets mes doigts dans sa bouche pour me saisir de chaque fragment planté dans son palais. Cette fois encore, mes sœurs sont là pour le réconforter.

Avant de vous conter l'histoire qui marque pour toujours la mémoire de Lydia et de Pierre, restons dans le registre du sauvetage après une Drôle D'idée. Il était une fois, il y a fort, fort longtemps, où chaque invité quittant le logis familial, se voyait secoué dans son carrosse. En saisissant le pare-chocs arrière, je bringuebalais le véhicule de bas en haut. Cela devenait une habitude qui a failli coûter la vie à ma sœur cadette Lydia. Ce jour-là, spectateur, je regardais avec les parents un ami de mon père se faisant secouer dans son automobile par des sœurs converties à mes Drôles D'idées. Le véhicule démarre et Lydia, du haut de ses 5 ans, n'arrive pas à le lâcher. Ses mains, coincées entre le pare-choc et la carrosserie, elle traîne derrière le véhicule et les signes de détresse de mes parents font croire au conducteur à un au revoir. Je réagis vite en courant, puis en me jetant sur le capot de cette voiture au 'STOP' du bout de la rue. Lydia a été sévèrement brûlée aux jambes, aux pieds et conduite à l'hôpital. J'ai conservé jusqu'à ce jour ses chaussettes ensanglantées.

Il y a peu, Lydia et Pierre m'ont raconté cette histoire qui les a marqués, mais pas uniquement par la trempe que je leur ai passée. Mes sœurs et mon petit frère psalmodiaient en boucle un chant préparé pour la fête de Noël. Ils chantaient à tue-tête : « Un ange est venu de là-haut. ». Ce chant en boucle a fini par m'exaspérer. Au moment où ils se sont mis à dire : « Il nous a parlé... », je suis apparu, tel cet ange venu de là-haut en m'exclamant : « Fermez-la ! ». Ils ont entonné : « C'était beau ! » et fini en fou rire.

Mémorable Majorité

J'ai pu inviter copains et amies à la maison pour fêter mes 18 ans. Le casting a été simple, Liliane ma sœur, sa meilleure copine qui est devenue mon épouse, Francine une amie de l'église, mes 2 cousins, Michel l'accordéoniste et Bernard à qui j'avais fait croire à une soirée costumée. Ce dernier était magnifique avec son couvre-chef marocain et sa fine fausse moustache tracée au feutre. De plus, pour le mettre à l'honneur, je lui avais indiqué un horaire augmenté d'un quart d'heure. C'était bon enfant jusqu'à l'apéritif, le vin et les digestifs. Désinhibé, comme si j'avais besoin de cela… la troupe a été conduite à la chambre noire, pièce à l'étage, sans fenêtre, où siégeait mon instrument de musique. Là, j'ai réalisé le meilleur solo de batterie de ma vie ; finalisé debout sur la grosse caisse, le retour au rez-de-chaussée a été réalisé façon cascadeur.

Je vais vous raconter cela façon tuto cascade… Courez, mais pas trop vite, puis sautez, la tête la première dans l'escalier en relevant le menton.

Vous aurez au préalable contracté les abdominaux et tendu les bras, en avant, dans le prolongement du corps. L'arrivée à l'étage inférieur est assurée sans bobo.

Nous avons continué la dégustation des alcools de mes parents. Que dire de la 'Centerba Toro', liqueur italienne typique des Abruzzes distillée à 40, 70, 90 degrés, et de ma mère qui a fait disparaître, telle une prestidigitatrice, les clefs du bar et de la cave ? Les filles ont été sages et retenues. Elles sont bien plus matures que nous les garçons. Au vu de l'état de mes copains, j'ai prié maman de les reconduire chez eux.

Etant né en tout début janvier, j'ai été le premier de ma classe à entrer dans l'univers des adultes. Devenu un influenceur connu, les copains de copains m'invitaient à leur 18 ans. Ma réputation se répandait. Mes Drôles D'idées avaient un public grandissant et les cascades les plus folles étaient réalisées à chaque soirée. Je ne vous en conterai que deux.

ATTENTION Il est recommandé de ne pas reproduire les cascades décrites dans ce livre. Toutes les actions qui y sont détaillées ont été réalisées par un professionnel ayant les capacités et l'endurance pour supporter les sanctions parentales.

Je ne suis ni dingue, ni suicidaire. Il faut avant tout une bonne condition physique, être sûr de soi, observer son environnement et surtout s'entraîner quotidiennement. Sans cela, tu ne peux pas sauter du premier étage du logement de tes amis, sans te rompre le cou. Attention, n'annonce jamais tes intentions à l'avance, laisse la joie de la surprise à ton entourage. Au moment le plus calme de la soirée, tu cours et saute façon 110 mètres haies en criant : « A l'aide ! ». Le temps que les convives abasourdis arrivent à la fenêtre, tu remonteras au pas de course pour leur mettre une petite tape dans le dos. L'effet est garanti.

Avant une nouvelle 'fiesta mexicana'(18), mes parents m'ont donné la consigne de rentrer avant 23 heures. Je ne connaissais ni celui qui fêtait sa majorité, ni sa gentille famille, et mon état ce soir-là, ne m'a pas permis pas d'honorer la volonté parentale. Sincèrement, il valait mieux que je dorme sur place. Voulant aider les femmes de la demeure à nettoyer plats et verres, ne trouvant ni l'éponge, ni mon esprit, je me suis saisi du chat pour récurer la vaisselle. En le prenant par la peau du cou, c'est sans risque. De plus, les griffes de l'animal sont très efficaces pour retirer les aliments incrustés dans les assiettes. Les défenseurs de la cause animale doivent s'offusquer de ce récit ! Je sais, il aurait dû paraître dans un chapitre 'Coup de folie' !

Aujourd'hui, j'ai un chat prénommé Willy, en l'honneur du film 'Sauvez Willy' ou 'Mon ami Willy' pour les québécois. Le Willy du cinéma est un orque mâle capturé dans le nord-ouest du Pacifique pour être vendu à un delphinarium. Le propriétaire du parc aquatique va tenter de s'en débarrasser pour toucher les assurances. Le jeune préadolescent, Jesse, va tout faire pour le sauver. Mon chat lui, a été retiré d'une benne à ordures, enfermé dans une boîte à chaussures. Je l'ai recueilli non sevré. Il est devenu ce gros matou super gentil, ami de chiens plutôt impressionnants, réclamant et mangeant des épluchures de pomme de terre. Quand je suis dans ma baignoire, il sort du panier à linge pour me rejoindre dans l'eau. Oui, il a tout du Willy du film et je vous assure ne plus maltraiter aucun animal depuis.

Après plusieurs mois de fêtes, d'anniversaires, mes meilleurs copains n'avaient plus qu'une passion, la boisson. Ils avaient tous aménagé un bar dans leur cave. Là, j'ai pris conscience de cette folie qu'est l'addiction à l'alcool et j'ai eu une Drôle D'idée ; j'allais arrêter les fêtes et chercher à mieux comprendre les filles !

Et Dieu créa la femme

Au commencement Dieu créa le ciel et la terre. La terre était sans forme et vide, et l'obscurité couvrait l'océan primitif. Le souffle de Dieu se déplaçait à la surface de l'eau. Le premier jour, Dieu créa la lumière et dit : « Waouh que c'est beau ! ».

Le deuxième jour, Dieu sépara les eaux en deux masses, celle d'en haut fut appelée ciel et Dieu dit : « Waouh que c'est beau ! ».

Le troisième jour, Dieu rassembla les eaux au-dessous du ciel en un lieu unique pour que le continent paraisse. Il nomma le continent terre et la masse des eaux mer. La terre fit pousser des herbes produisant leur semence espèce par espèce et des arbres dont chaque variété porte des fruits avec pépins ou noyaux et Dieu dit : « Waouh que c'est beau ! ».

Le quatrième jour, Dieu créa les lumières dans le ciel pour séparer le jour de la nuit et Dieu dit : « Waouh que c'est beau ! ».

Le cinquième jour, Dieu fit une foule d'êtres vivants dans les eaux et les oiseaux du ciel, avant de dire : « Waouh que c'est beau ! ».

Le sixième jour, Dieu fit les animaux domestiques, petites bêtes et animaux sauvages de chaque espèce, avant de créer l'homme à son image et de dire : « Waouh qu'il est beau ! ». Puis il créa la femme et… après un long moment de silence, Dieu dit : « Bon, elle se maquillera ! ».

Le récit de la création, à ma façon, je l'avoue...

Jusqu'à l'âge de quatre ans, je me rappelle de bancs d'églises durs et de moments soporifiques. Mais, il y a eu un changement dans ma vie, quand mes parents se sont donnés entièrement à Christ. Je ne dormais plus à l'église et ma foi a commencé à grandir.

Le dimanche, au moment du catéchisme, je montrais une compréhension très personnelle des écritures à mon enseignante. Je me souviens lui avoir dit que c'est de la faute à la première femme, si nous souffrons tant sur la terre. Pourquoi les femmes sont-elles si persuasives ? Comment Eve a-t-elle pu convaincre Adam de désobéir ? Sans son action, nous serions toujours au paradis ! Il n'y aurait pas eu de tour de Babel et donc pas de cours de langues. On estime qu'il existe environ sept mille cent langues parlées dans le monde, à cause de la faute d'une seule femme.

ATTENTION Ce que je viens d'écrire n'est pas tout à fait ce que je pense, car le propre de l'être humain est de dire une chose et d'en penser une autre.

Dans (la Bible) Genèse 2, il est écrit ***'Et Dieu créa la femme'***. Le texte biblique qui raconte cette création est pour certains un mythe. Pour moi, la Bible n'est pas un recueil de concepts incompréhensibles. Je vous concède ne pas être en mesure de tout comprendre, mais Dieu se révèle petit à petit, quand on le cherche sincèrement ; cependant, ma foi est peut-être une Drôle D'idée pour vous !

Toujours dans (la Bible) Genèse 2, il est écrit que ***'Dieu prit de la poussière du sol et en façonna l'homme... mais il se dit qu'il n'était pas bon qu'il soit seul. Il voulut le secourir en lui faisant une partenaire. Dieu fit tomber l'homme dans un profond sommeil et lui prit une côte pour lui faire une compagne.'***

La femme est aussi importante que l'homme. Elle le secourt... Elle n'a été tirée ni du cerveau de l'homme, ni de son torse puissant, pour qu'elle ne se croit pas supérieure à l'homme. Elle n'a été tirée ni de son dos, ni de ses petites fesses, afin qu'elle ne se sente pas inférieure à l'homme. Elle a été tirée de son côté, pour que homme et femme sachent qu'ils sont appelés à être unis, côte à côte, d'égal à égal.

Sylvie mon épouse, mon amour est la meilleure copine de ma sœur Liliane. Elle est belle, mais pas trop et intelligente, mais pas trop. Ces critères m'ont paru importants dans mon choix, car je suis également beau, mais pas trop et intelligent, mais pas trop. Ayant vu vivre mon grand-père et mon père, tous deux musiciens, souvent en conflit avec leurs femmes à cause de la musique, Sylvie, musicienne et élève de mon papa, m'a paru être la femme idéale. Mais allait-elle accepter un garçon ayant en permanence de Drôles D'idées ?

La première fois que je l'ai vue, elle avait dix ans et moi douze. A ma majorité, je lui ai fait ma demande par écrit. L'enveloppe a été déposée dans l'étui de son instrument de musique, car je vous avouerai redouter un refus. De plus, avant cela, j'avais demandé à Dieu de me prouver son existence. Soit il existait et je fondais une famille, soit il n'y avait rien et je devenais un commando dans l'armée pour apprendre à détruire et à tuer. Je remercie Dieu de m'avoir gardé et sauvé de moi-même. Faisons durer le suspense romantique, la réponse de mon amour sera évoquée dans le chapitre suivant.

Coliques néphrétiques

Des calculs rénaux, j'en fais depuis l'âge de 18 ans. La première crise a été épique, douloureuse et Drôle, très Drôle.

Les coliques néphrétiques sont dues à la présence de cailloux au niveau des reins. Certaines substances, quand elles sont en concentration excessive dans l'urine forment des cristaux dans les reins ou dans la vessie. Ceux-ci peuvent s'agréger et former de petites particules solides. Les calculs urinaires ou calculs rénaux peuvent boucher les canaux par lesquels l'urine est évacuée ou s'accumuler dans la vessie.

Cette maladie, également appelée lithiase urinaire ou urolithiase, touche en France en moyenne 10% des hommes et uniquement 5% des femmes. La lithiase urinaire est une maladie récidivante, ce qui justifie la mise en place de mesures destinées à les prévenir.

ATTENTION Il est recommandé de ne pas s'auto-médicaliser. Ne prenez jamais le conseil de la famille, d'un ami ou encore d'un collègue de travail. Les calculs rénaux sont de types très divers. Les traitements et régimes seront différents d'une personne à l'autre.

Calculs oxalocalciques :	*70% des cas*
Calculs d'urate :	*10% des cas*
Calculs phosphocalciques :	*10 à 20% des cas*
Calculs de struvite :	*moins de 2% des cas*
Calculs cystiniques :	*1 à 2% des cas chez les adultes* *10% des cas chez les enfants*

Lorsqu'ils sont minuscules, les calculs rénaux peuvent être éliminés par les voies naturelles. C'est ce que disent les médecins, et encore une fois, ce n'est pas toujours vrai. Je suis touché par le dernier type de calculs de la liste, les lithiases cystiniques et ce, depuis quarante ans. Est-ce une Drôle D'idée que de collectionner les cailloux et les sondes médicales de tous types ? Dans ma salle de bain, trône un flacon rempli de calculs rénaux. Le plus gros passé par les voies naturelles mesure 10 millimètres de long sur 7 de large. Le plus gros qu'il a fallu casser au laser et chercher par les voies naturelles mesurait 3,5 centimètres.

Les coliques néphrétiques provoquent des douleurs très intenses, voire insupportables, se propageant du milieu du dos vers l'aine ; elles sont parfois accompagnées de nausées et de vomissements. S'ils ne sont pas pris en charge médicalement, les calculs rénaux peuvent provoquer l'affaiblissement du rein bloqué, voire sa destruction. Quand vous avez une crise, arrêtez de boire et rejoignez l'hôpital le plus proche. Je ne vous donnerai pas plus de conseil, car c'est le rôle des médecins.

Revenons à ma première crise. Il est 1 heure du matin et j'ai atrocement mal au rein droit. Les douleurs vont jusqu'aux testicules qui me semblaient être retournées sur elles-mêmes. Je gémis dans mon lit en attendant le matin. Vers 2 heures, mes sœurs tapent à ma porte et me demandent si je vais bien. Je leur réponds de me laisser tranquille. Mais après 1 heure de gémissements continus de ma part, elles alertent notre mère. Maman entre dans la chambre et, me voyant en sueur et en souffrance, me transporte jusqu'aux urgences.

Là, deux internes me demandent ce que j'ai. Mes souffrances sont évoquées, mais je m'abstiens de dire que j'ai mal aux parties précieuses, car c'est trop privé pour en parler. Les deux médecins se retirent et parlent courtement, car le diagnostic leur semble clair : « Ce jeune fabule ! ». Ils décident de me faire une injection de calmant et me renvoient chez moi. Très rapidement, les douleurs s'amplifient. Je marche alors autour de la table du salon et maman revient. Il est à présent 5 heures du matin. Elle appelle le médecin de famille. Sa consultation débute comme à son habitude par un « A poil ! » et il ne lui faut que quelques secondes pour saisir le problème. Il faut dire que souhaitant enfin être pris au sérieux, j'avoue mes douleurs génitales.

Ramené aux urgences par mon toubib cette fois, je retrouve mes deux internes. Mon médecin faisait partie des praticiens de l'hôpital et il a donné pour consignes de me mettre sous perfusion avec un dérivé morphinique. Lors de la pose du cathéter, je souffle aux deux internes un : « C'est bon cette fois, promis, je ne fabule plus... ». Ils demandent ma mise en chambre et disparaissent, me laissant seul avec une infirmière. La nuit est éprouvante et la soignante me fait comprendre qu'elle ne sait comment m'emmener en chambre, toute seule. Je descends de mon lit et le pousse devant moi sans écouter les non, non, non que m'adresse l'infirmière.

La morphine m'aidait bien. Cette molécule alcaloïde extraite de l'opium a un effet antalgique très puissant. Elle a été découverte lors de recherches débutées en 1804 sur les médicaments à base d'opium. Son usage abusif peut mener à une addiction, mais quand tu as mal, c'est de la balle.

A présent, seul dans une chambre d'hôpital, j'ai l'espoir de pouvoir enfin dormir, mais très vite, on revient prendre mes constantes, on me fait l'injection d'un révélateur, avant de m'emmener en radiologie. Les infirmières sont sympas, tout est fait rapidement et l'on me ramène en chambre. Un aide-soignant me porte un potage ; ce mets que j'affectionne beaucoup a une origine médiévale.

Jusqu'au 12ème siècle, les villes disposaient d'une ceinture verte hors des remparts. Ces jardins assuraient le confort des aristocrates et des grands bourgeois pour leur alimentation. La préparation culinaire à base de plantes potagères, légumes, racines et tiges bouillies de façon à les ramollir, était éventuellement accompagnée de viande ou de graisse pour obtenir le pot-au-feu. Au siècle suivant, Monteriggioni est un avant-poste fortifié dans la province de Sienne en Italie qui dispose de jardins publics. A cette époque hostile, ces jardins fournissaient une subsistance vitale, lorsque les ennemis se rassemblaient autour des murs d'enceinte et assiégeaient la bourgade. Puis en France, cet aménagement de type bâtiment et jardin attenant fait des émules. A partir du 17ème siècle, le cuisinier-potagier peut être l'un des cuisiniers de la bouche du Roi. A cette époque, la consommation des herbes du potage permet de soigner les maladies comme la goutte, mais est-ce que cela va me guérir de mes coliques néphrétiques ?

Ne perdez pas le fil ! Je mange ma soupe sur un lit d'hôpital et l'envie de vomir arrive. Je me lève et cours en direction du lavabo que je n'atteindrai jamais, retenu pas ma perfusion accrochée au-dessus du lit. Je tombe finalement, et au sol, je rends le peu d'aliment que je venais d'ingurgiter. L'aide-soignant entre à nouveau dans la pièce et gentiment me dit : « Tu as renversé ton potage, je vais t'en chercher un autre… ».

Les examens complémentaires terminés, une ambulance me conduit chez un spécialiste. Ma maman m'accompagne. Sur les 20 kilomètres du parcours, la bouteille de perfusion se remplit de mon sang. J'alerte les ambulanciers qui font une halte pour repositionner le flacon plus haut. Puis, j'ai une envie pressante d'uriner, quand nous arrivons chez cet urologue. Dans la salle d'attente, je suis surpris : tous les patients sont très âgés. Je vous rappelle que je n'avais que 18 ans. C'est pressant, il faut que j'aille aux toilettes. Aussi, j'accroche ma perfusion au porte- manteau de la salle d'attente pour me diriger vers les sanitaires, quand le médecin apparaît et m'appelle. Mais j'ai une énorme envie de faire pipi et puis tous ces vieux étaient là bien avant moi. Visiblement, je suis une urgence. Là, je fais part au docteur de mon envie impérieuse. Il me fournit un flacon conique d'1/2 litre et me demande de faire dans son bureau. Ma maman est là. L'exercice est difficile. Je trouve un peu d'intimité dans un coin de la pièce. Quand je reviens présenter le récipient plein à ras bord à l'urologue, cela le met en joie. Il en faut peu pour rendre heureux son médecin et il me fait admettre dans sa clinique. L'établissement médical, où d'ailleurs je suis né, m'accueille dans un couloir, car toutes les chambres sont occupées.

Pour sûr, on en voit passer des infirmières, mais on se sent un peu en marge du système. Deux de ces charmantes soignantes me mènent vers de nouveaux examens, quand elles perdent le contrôle de mon lit. Il est vrai qu'elles étaient très occupées à parler maquillage, chose certainement vitale pour elles. Mon lit leur échappe et descend l'escalier pour finir sa course dans une main courante, quelques mètres plus bas. L'avant du lit éclate comme ma bouteille de perfusion et l'une des infirmières dit à l'autre que ce n'est pas grave, car c'est un lit de la maternité. Il a fallu le secours de plusieurs aides-soignants pour ramener l'épave qui me servait de couchage dans le couloir et poursuivre mon aventure.

Arrive le moment où une place se libère en chambre. Je suis heureux de pouvoir enfin parler à des compagnons d'infortune. Ils sont sept et bien plus âgés que moi. Lors de la visite de l'urologue, je lui demande les suites qu'il compte donner à ma visite dans sa luxueuse maison. Il veut me faire patienter deux jours, et si le caillou ne sort pas, m'opérer. Quand je lui demande que faire pour éviter l'intervention chirurgicale, il me recommande de beaucoup boire et de bouger ! J'oublie le lit, bois entre 7 et 8 litres d'eau par jour, cours dans les couloirs et saute dans les escaliers. J'entendais les infirmières dire : « Ce jeune ne va pas rester longtemps ici… ».

Trois de mes voisins de chambrée s'apprêtent à être opérés. Quatre infirmières entrent dans la chambre et la cheffe demande à ses 3 élèves de raser chacune un patient. Ces hommes avec leurs zigouigouis(19) à l'air se jouaient de ces jeunes filles. J'en étais mal à l'aise ; jusqu'au moment où toutes 3 quittent la chambre. La cheffe infirmière revient seule et sermonne les 3 hommes. A l'un après l'autre, elle saisit ce petit membre fragile et rase à sec les poils pubiens de ces hommes devenus de vrais moutons. Une fois les 3 pieds nickelés(20) en salle d'opération, sur ordre de la cheffe, les élèves infirmières reviennent pour préparer le retour des patients. Elles se regardent et se demandent les unes aux autres comment faire. Aussi, je propose mon aide d'électrotechnicien. Ne me prenant pas au sérieux, elles cherchent leur responsable. Il faut vous dire que dans un hôpital, on s'ennuie vite et je me suis mis à brancher les appareils. Les connectiques sont repérées avec des marqueurs de couleur. Alors, comment se tromper ? Je me remets au lit, satisfait de mon travail, quand nos charmantes infirmières réapparaissent avec leur responsable. Cette cheffe qui avait plus l'allure d'une surveillante de prison que d'une soignante raille ses élèves. A peine entrée dans la pièce, elle lance un : « Pourquoi me faire perdre mon temps ? C'est branché ! ». Les élèves se tournent alors vers moi et là, je leur avoue espérer ne pas m'être trompé.

J'ai un appel téléphonique qu'il me faut prendre dans le couloir. En 1983, le téléphone fonctionne avec un fil. Le portable n'existe pas encore en France. L'invention de ce dernier est attribuée au docteur Martin Cooper qui en a fait la démonstration dans les rues de New York, le 3 avril 1973. En France, le premier forfait destiné au grand public est proposé en 1990.

Ne perdez pas le fil ! Je suis dans le couloir, au téléphone avec ma sœur Liliane. Elle m'annonce que Sylvie lui a laissé une lettre et me demande, si je désire qu'elle me la lise. NON bien sûr, c'est privé le courrier du cœur. Du coup, Liliane me fait comprendre qu'elle connaît déjà son contenu… Sylvie me dit : « OUI ! ». Après avoir raccroché, je me place devant le miroir de ma chambre et durant un long moment, je me questionne. Est-ce possible ? Elle aime ce garçon-là… Je suis amoureux, heureux, au repos dans mon lit, quand la fille du voisin de chambrée laisse père et mère pour venir à mon chevet. Est-ce possible, d'avoir au même moment le OUI de celle qui allait devenir la mère de ses enfants et de se faire draguer ? Surtout que le mot signifie enlever des mines explosives et non en mettre. Là, encore une fois, je suis mal. Cette fille revient le lendemain et sans un regard pour son père alité, elle me rejoint et misère !

Mes deux meilleurs amis, Michel l'accordéoniste et Bernard sans toque marocaine cette fois me visitent au même moment. Avec l'espoir qu'elle abandonne, je prie mes copains de m'accompagner à l'accueil. Elle nous suit, mais que faire ? Elle continue son opération de séduction, comme si nous étions seuls. J'écris un mot sur une revue et le montre à Michel. Il peut y lire : 'De grâce, ne me laissez pas seul avec cette nymphomane !'. Mais, ils doivent retourner en classe et au moment où ils me quittent, le pire arrive. La cheffe infirmière m'annonce que mon père a demandé pour moi une chambre seule et qu'elle est disponible. NON ! Ce n'est pas possible ! C'est un cauchemar ! Bien évidemment, vous pouvez imaginer la suite... Elle me suit et là, je lui dis que je suis fiancé, mais cela ne l'arrête pas. Elle s'apprête à se jeter sur moi, quand sa maman qui la cherchait partout arrive. En colère, elle reprend sa fille et me sauve assurément d'un viol.

Seul, dans ma chambre, je lis la Bible. Puis, je fais un pacte avec Dieu, qui visiblement me prie de ne pas devenir un tueur sanguinaire, mais de fonder une paisible famille. Je lui dis : « Je t'accepte comme mon sauveur personnel ; je prends le baptême, si le caillou sort par les voies naturelles, sans opération, s'il te plaît. ». Mon séjour dans cette clinique n'a duré que 3 jours, mais ils ont été intenses et mémorables. Le caillou est sorti sans opération et moi, j'ai tenu parole en me faisant baptiser, en présence de Sylvie.

Service national

En 1985, la France avait encore un service militaire obligatoire. Il fallait passer douze mois sous les drapeaux, assimiler une instruction militaire et intégrer cette force garantissant la sécurité de la nation.

Toute ressemblance avec des personnes ou des situations existantes ou ayant existé ne saurait être qu'authentique et ce, même si vous allez avoir du mal à y croire.

Avec un sentiment patriotique prononcé, je suis décidé à remplir mon devoir de citoyen. L'action m'attire, la musique est une partie de moi et j'ai du mal à me décider entre intégrer une force de combat ou entrer dans la musique de l'armée. Je suis du type 'tout ou rien', et finalement, j'opte pour la musique, afin d'améliorer mon art.

Nombre de musiciens jouent dans les casernes françaises tout en effectuant des missions militaires, mais cela je n'en voulais pas, en raison du faible niveau des prestations musicales. Mon rêve était d'intégrer la musique des Forces Françaises en Allemagne, équivalente à la musique de la garde républicaine à Paris. Et l'Allemagne est plus proche du domicile familial…

Mon instrument de prédilection est la batterie et je me questionne sur ce que peut faire un batteur dans l'armée. Devenir tambour me paraissait être l'objectif à atteindre et je me plonge dans les partitions des tambours napoléoniens. De 1804 à 1814, l'armée impériale de Napoléon 1er utilisait des musiciens pour communiquer sur le champ de bataille. Le jeu des tambours rythmait les déplacements et accompagnait les parades. Alors, j'ai travaillé 'Le rigodon d'honneur', 'La marche des éclopés' et 'Le réveil du bivouac'.

Que dire de cette Drôle D'idée ? Mon instrument est accolé à mon lit et je me sens appelé à travailler 'Le réveil du bivouac', ce dimanche matin à 6 heures. Mes sœurs dorment dans la chambre voisine ; avec le son de ma caisse claire, je n'entends pas leurs plaintes. Malgré la fenêtre ouverte, je ne perçois pas non plus celles des voisins. Au cours de la journée, ces derniers ont toutefois défilé aux pas cadencés, devant mes parents, pour leur demander ce qui m'arrivait. J'allais rejoindre les FFA, les Forces Françaises en Allemagne.

Une fois dans le train militaire, je doute du système. Dans mon wagon, les conversations des gradés qui parviennent à mes oreilles ne sont pas glorieuses. Sont-ce ces hommes-là qui allaient me commander ? J'arrive à Rastatt située dans la partie orientale de la plaine du Rhin, à environ 10 kilomètres de Baden-Baden et à 65 kilomètres de Strasbourg.

Cette ville a une longue histoire avec la France. Elle a été incendiée par les troupes françaises en 1689. Le 5 juillet 1796, a eu lieu la bataille de Rastatt entre les troupes françaises et les troupes autrichiennes. De novembre 1797 à avril 1799, s'y tient le second congrès de Rastatt, lequel avait pour objectif d'accorder des compensations aux princes allemands dépossédés de leurs Etats sur la rive gauche du Rhin, annexés par la France. Le 12 avril 1945, la ville est occupée par la première armée française, et je vais y faire mon service militaire de 1985 à 1986.

Tout commence avec une audition à la caserne du 57ème Régiment de Transmission. Les meilleurs musiciens resteront et les autres seront répartis dans toute l'Allemagne pour servir occasionnellement et crapahuter quotidiennement. On me demande de quel instrument je joue et on me fait entrer dans une salle austère.

Le jury est composé de huit gradés, képi sur la tête, fourragères et médailles au côté. Un tambour avec harnais et baguettes me sont remis. A ce moment, je me demande ce que je fais là. Il faut que je vous rappelle qu'un batteur joue assis et un tambour debout. Arriver à enfiler le baudrier n'a pas été chose facile. Je pose ma partition sur un pupitre et interprète 'Le *fameux* réveil du bivouac'. Ensuite, on me demande de jouer en marchant. J'avoue que dans le civil, je n'ai jamais joué ainsi. Ils insistent et je recommence 'Le *fabuleux* réveil du bivouac', en tournant autour du pupitre.

Un militaire m'arrête en vociférant que ce n'est pas un morceau à jouer en marchant. A ce moment, je me dis que c'est cuit, que je vais finir en petite Sibérie allemande. Puis, un autre officier me demande, si je veux jouer dans la garde républicaine et là, j'ai cru qu'il se moquait de moi. J'ai malheureusement répondu par la négative, mais en fait et je ne l'ai su que plus tard, je venais de jouer la difficulté maximale des tambours de l'armée. Mais dans ma petite tête, je me voyais recalé. Mon sentiment mentait.

Dans le couloir, des gradés recherchent un chanteur pour l'orchestre. Je m'avance, désirant à tout prix être pris. On me fait chanter du France Gall, avant de me demander une nouvelle fois de quel instrument je joue. Quand je leur dis être batteur, bien évidemment le poste était déjà occupé et j'ai eu cette Drôle D'idée de parler de mon passé d'accordéoniste. Cela faisait au moins 5 ans que je n'en jouais plus.

On me met entre les mains l'accordéon du chanteur qui allait retourner à la vie civile. Là, je suis mal. Ne voulant pas leur dire être le plus mauvais élève de mon père, j'ai premièrement indiqué que cet accordéon boutons ne me convenait pas, car je joue de l'accordéon piano. Ce n'est pas grave, ils ont un piano... On me prie alors de jouer de la main gauche sur l'accordéon et de la droite sur le piano. L'armée, c'est compliqué, l'audition a été épuisante, mais je vais intégrer 'La *prestigieuse* musique des FFA'.

Avant, il faut faire ses classes qui correspondent à la formation militaire de base des nouvelles recrues. Son contenu varie suivant le corps d'armée et l'unité intégrée. Dans le cas d'un musicien, elles sont raccourcies au maximum et ne durent qu'un mois. Elles débutent aussitôt, nous sommes huit dans la chambrée, quand arrivent deux gradés. Ça gueule et ça demande de nettoyer le dortoir. J'ai repéré les balais, seaux et serpillères, mais les produits de nettoyage sont introuvables. Respectueusement, je le signale au Caporal qui me braille un :

« Démerdez-vous ! ». Cela a déclenché une cascade de Drôles D'idées dans mon cerveau. J'avais de la poudre à laver à la main dans mes affaires, ce qui me permet de faire de la mousse, beaucoup de mousse. Le gueulard autoritaire revient, ouvre la porte sur une épaisseur de 5 centimètres de mousse. Il est sans voix dans un premier temps. Je mets un pied en avant et, sourire aux lèvres, je fais savoir que nous avons fait avec les moyens du bord. Retrouvant son organe vocal, il nous laisse 5 minutes pour faire disparaître la mousse. Mes camarades sont paniqués. De mon côté, dans le calme, je prends la décision d'ajouter du savon et de l'eau pour la soirée mousse. Je ne peux vous conter combien de fois j'ai été puni, courant, faisant des pompes et des abdominaux mais là, ce fut pour la première fois.

Le lendemain, on a appris à faire notre lit au carré et à ranger notre placard. Cela devait certainement nous aider à gagner la guerre. Avant le premier contrôle de mon vestiaire, j'ai préparé ce dernier de manière à mettre gamelles et casque lourd en équilibre sur l'étagère du haut. Et ça a fonctionné parfaitement ; à l'ouverture du placard, toute cette ferraille est tombée sur mon Caporal désemparé. Cela m'a valu de courir une bonne heure autour de la caserne. Ma condition physique n'a jamais été meilleure qu'à la fin de mes classes.

Toutes les nuits, on nous réveillait et nous rassemblait dans la cour pour contrôler notre paquetage et peut-être partir en guerre. Une nuit, le contrôle terminé, on nous convie à une marche. Mes souvenirs sont flous, il me semble que c'était sur 12 kilomètres et que nos sacs pesaient une dizaine de kilos. En revanche, je me rappelle avoir, au milieu du périple, crié : « C'est fini la rigolade ! Tout le monde au pas de course ! ». Et nous avons perdu la moitié de la compagnie dans la campagne allemande. Ma Drôle D'idée a été de mettre les gradés en souffrance et quelle ne fut ma surprise quand, arrivé à la caserne, je me rends compte qu'ils n'avaient que des serviettes de bain dans leurs sacs à dos. Ils m'ont eu pour cette fois !

Nous n'avons été que 2 jours sur le terrain de manœuvre et ça a été l'éclate… des grenades au plâtre, entre autres. Ces grenades au plâtre sont des grenades utilisées dans un but d'entraînement. Elles contiennent une faible dose d'explosif qui éjecte du plâtre lors de la mise à feu. Malgré leur faible puissance, elles peuvent être dangereuses. Elles peuvent blesser plus ou moins gravement dans certaines circonstances.

Nos instructeurs nous ordonnent de ramper pour traverser une clairière. Je les mets en garde sur cette tactique suicidaire. Il faut préciser que nous faisions la guéguerre avec une section concurrente. Les officiers ne prennent pas au sérieux mes recommandations et toute la compagnie est sommée de ramper. Voulant survivre à la bêtise de ces derniers, je me place sur le côté du groupe avant de le quitter et de contourner ladite trouée de verdure abritée par les arbres de la forêt. J'entends des tirs et mes camarades sont tous morts, virtuellement…

Arrive la nuit, les tentes sont plantées. Nous avons droit à un discours martial sur le terrorisme et la nécessité de sécuriser nos armes. Le FAMAS, ce célèbre fusil d'assaut français de calibre 5,56 fabriqué par la Manufacture d'armes de Saint-Étienne a été commandé et mis en service par l'armée française, dans les années 1970. Il répondait au désir d'une arme tactique puissante, d'encombrement réduit, facile à utiliser et à entretenir.

Ne perdez pas le fil ! Je suis sur ce terrain de manœuvre et l'on me demande d'être de garde de nuit de 2 à 3 heures du matin…

Ma mission est de sécuriser le camp. Aspirant à devenir un héros de type Captain America, je suis sur le qui-vive, quand je vois dépasser de la tente des gradés, la mitrailleuse **AA-52** :

Poids :	***9,970 kg***	*(canon léger)*
	23 kg	*(canon lourd)*
Longueur :	***108 cm***	
Longueur du canon :	***500 mm***	*(canon léger)*
	600 mm	*(canon lourd)*
Mode d'action :	***Action directe des gaz sur la culasse***	
Portée max :	***3 200 m***	
Portée utile :	***600 m***	
Cadence de tir :	***900 coups/mn***	
Vitesse initiale :	***830 m/s***	

Cette arme automatique transformable est une mitrailleuse multi-usage, développée en France à partir de 1952. Le terme transformable indique qu'elle peut être employée comme mitrailleuse légère ou lourde par simple changement du canon. Plus de 60 ans après sa mise en service, on peut toujours l'apercevoir sur certaines photos d'unités opérant au Mali.

Il fallait vraiment y faire attention à cette arme et ne pas se la faire voler par des terroristes. Délicatement, je la retire de la tente des officiers, afin de ne pas perturber leurs rêves de médailles. Placée au chaud au fond de mon duvet, l'arme est en parfaite sécurité. Le soleil se lève, quand nous avons droit à un réveil au son des grenades au plâtre. L'armée, c'est quelque chose !

En fait, les officiers jettent des grenades dans leurs tentes, afin de réveiller leurs binômes et cela les rend heureux. Mais le bonheur de ces soldats finit par se transformer en inquiétude, quand ils s'aperçoivent de l'absence de l'AA-52. Ce gros calibre est sous leur responsabilité ; s'ils ne le ramènent pas, c'est la prison qui les attend. Dans leurs yeux, je lis la peur. J'attends de lire sur leurs lèvres : « Il faut parler aux gardes de nuit. ». Avant d'être appelé, je prends la mitrailleuse par le bout du canon. Je la traîne derrière moi, pour la cacher aux yeux des gradés et faire durer ce moment de grâce le plus longtemps possible. Une fois devant eux, l'AA-52 est remis avec un petit sourire et un rappel sur la nécessité de protéger son arme de potentiels terroristes.

A la fin des classes, j'intègre la musique des FFA en tant que tambour, chanteur-accordéoniste dans l'orchestre, percussionniste dans l'harmonie et l'orchestre de big band. Au chant, je n'ai pas convaincu de suite. Le premier mois, ils ont cherché un autre chanteur, mais finalement et avec du travail, j'ai conservé le poste, même si mon anglais était très approximatif, voir yaourteux(21). En fait, mon expressivité, mais surtout mon endurance a fait la différence. Deux autres candidats chanteurs intégreront finalement la formation, mais en tant que choristes ; leurs voix étaient magnifiques, mais sans tenue dans la durée.

Pour l'accordéon, je me rappelle avoir travaillé de longues soirées dans la salle d'eau pour ne pas gêner mes camarades et arriver à jouer quelques valses, marches et tangos dans l'orchestre. Je réalisais également des aubades dans des maisons de retraite, accompagné de femmes de hauts-gradés, Colonels et Généraux.

Au terme de la première semaine à la musique, tous les militaires de la caserne, hormis ceux de l'orchestre, ont la permission de rentrer chez eux. Dans ma chambrée, nous étions 8 tambours et je me retrouve seul. La veille de ce premier bal, la tradition veut que le nouveau paye une tournée générale aux membres de l'orchestre.

A pied, nous rejoignons le 'bierbar'[22] le plus proche. Au premier demi-litre, je suis bien. Au deuxième, c'est bien mieux. Il m'a bien fallu 2 litres de ce nectar pour me lier d'amitié avec tous les appelés et presque tous les engagés. A notre sortie de ce bar à bière, la neige recouvre la ville de Rastatt. J'ai bien joué avec la poudreuse, grimpé sur les clôtures des dépôts militaires, avant d'arriver le premier à la grille de mon casernement.

Au vu de mon état de gaieté avancé, les sentinelles ont refusé d'ouvrir. Escaladant le portail d'entrée, je me retrouve devant deux soldats en armes. J'insiste pour être mis au lit. Ils appellent l'officier de garde, sûrement pour me border. Quand le gradé décide de me mettre aux arrêts de rigueur, le chef d'orchestre, chef de la musique des FFA et Sous-Lieutenant montre ses galons et demande à la garde de fermer les yeux sur mes Drôles D'idées. Il avait besoin de moi dans l'orchestre et, j'ai alors compris l'importance que j'avais pour la France.

L'histoire ne s'arrête pas là ! Après avoir formé deux boules de neige, je monte l'escalier pour rejoindre ma chambre et aperçois ce Caporal engagé assis dans une petite loge, regardant la télévision. Une boule de neige l'atteint au visage, quand l'autre entre dans son magnétoscope. Oui, je sais que le magnétoscope c'est comme le téléphone à fil, une chose pas forcément connue des plus jeunes. Un magnétoscope est un appareil électronique destiné à l'enregistrement et à la relecture d'un signal vidéo et audio, sur une bande magnétique appelée vidéo cassette. On est loin du DVD et encore plus loin des plateformes dédiées au service de vidéo à la demande.

Ne perdez pas le fil ! Il me reste à parcourir quelques mètres et comme une masse, je m'effondre sur mon lit. Au réveil, je me dis que d'avoir tiré des boules de neige sur un magnétoscope, ce n'est pas bien et je croise dans le couloir cet engagé qui me fusille du regard et… rien de plus !

J'en parle au guitariste deuxième classe tout comme moi : « Pourquoi ne suis-je pas puni ? ». Sa réponse soulage ma conscience. Le Caporal n'avait pas le droit de regarder la télévision, quand il est de garde de semaine. Waouh… je ne savais même pas que cela existait un garde de semaine. Dans une petite loge au premier étage de notre casernement, il veillait sur quoi ? Etait-ce sur les rêves des musiciens ?

Vous pouvez vous dire que le mien s'est peut-être réalisé en ayant intégré une prestigieuse musique. Pas vraiment, je dois dire. Le chef veut monter en grade et accepte tout. Nous sortons certains jours jusqu'à trois fois et il faut non seulement être prêt musicalement, mais également vestimentairement. Le repassage des chemises et pantalons se multipliait dans la journée. Il ne fallait pas oublier les plis obligatoires, le cirage des chaussures, le nettoyage des guêtres et des gants.

Je me rappelle ce bal du nouvel an où, après avoir raté le repas du soir, j'ai assuré le chant durant 6 heures. Aux alentours de 3 heures du matin, j'ai une faiblesse en plein chant et me retrouve un genou à terre. Le chef, en recherche de galon a, dans sa grande mansuétude, permis que je me repose durant 3 morceaux instrumentaux. Ensuite, j'ai continué de chanter comme j'ai pu.

Le lendemain à 7 heures, toute la musique a joué une aubade au pavillon de chasse du Général. Comme premier tambour, je devais être positionné devant, à droite. En priant mes camarades de me soutenir si je faiblissais, j'ai intégré le second rang. A ce moment-là, j'ai regretté les commandos. Durant mon service sous les drapeaux, je suis rentré en permission en moyenne 1 fois par mois. C'est très peu, quand on aime et ne désire qu'elle ! Au moment où j'écris ce livre, nous avons près de 35 ans de vie commune. Elle est le seul amour de ma vie.

A la caserne, mes compagnons d'infortune faisaient la queue au téléphone public pour pouvoir parler à leurs femmes. Certaines venaient jusqu'en Allemagne, attendaient derrière la grille d'entrée, le moment de voir leur homme. Les bizZoux(29) à travers les grilles et les conversations téléphoniques en public, ce n'est pas pour moi. Une permission par mois, certes, mais c'était sans jamais avertir ni ma fiancée, ni ma famille. A chaque fois, je m'arrêtais 3 gares avant celle de ma commune, pour retrouver la maison de Sylvie. Nous restions collés l'un à l'autre jusqu'à environ 23 heures et ensuite, je n'avais plus de train pour parcourir les 13 kilomètres qui me séparaient de mon domicile. Demander à celui qui allait devenir mon beau-père de me ramener était inenvisageable et déranger mes parents aussi ! C'est donc au pas de course et sac militaire sur le dos que je regagnais le logis.

Mais revenons à ce 1er jour à la musique des FFA. Nous savions que les libérables allaient nous bizuter. Ils entraient dans les dortoirs et retournaient les couchages avec leurs occupants. J'ai partagé ma Drôle D'idée avec les camarades novices de la chambrée. Nous étions appelés les 'bleus'(23) et, nous avons attaché entre eux les lits avec du fil de fer. Les libérables n'ont jamais réussi à retourner nos couchages.

Toujours ce premier jour, mon camarade clarinettiste Schultz venait de suspendre sa lessive sur le bord de son lit, quand un zouave crache son chewing-gum dans une de ses chaussettes. Le zouave était inspecteur des impôts dans le civil, mon aîné de deux ans et parisien par-dessus tout. Après avoir informé et prié la victime de me laisser punir l'auteur du forfait, j'ai déversé un paquet de poils à gratter dans le couchage et le pyjama du vandale. J'ai toujours sur moi un petit kit de farces et attrapes, au cas où... Notre inspecteur des impôts n'a pu fermer l'œil de la nuit. Il s'est douché, s'est changé et, a essayé de dormir nu, mais rien n'y faisait. Au petit matin, au son du clairon, je me lève et lui fais savoir que je l'avais vu la veille pourrir la chaussette d'un frère d'arme et que s'il recommençait, il connaîtrait un sort encore plus douloureux que ce qu'il venait de vivre. Il a abandonné ses mauvais agissements, mais je ne vous encouragerai pas à user d'un tel procédé, lors d'un contrôle fiscal.

Je constate que les hommes sous les drapeaux sont encore plus perturbés que d'habitude à l'approche de la gente féminine. Ils sifflent, hurlent et montrent leurs muscles. Lors d'un spectacle de Noël à Baden-Baden, en coulisse, nous avons côtoyé des danseuses. Imaginez 70 militaires et 4 charmantes danseuses. Comment ai-je fini à cette table avec ces très belles filles ; je ne m'en souviens plus. Cependant, je me rappelle comment j'ai fait fuir tous mes camarades. Après un long échange de banalités et d'une excitation que je sentais grandissante, une Drôle D'idée m'est venue. J'ai posé la question existentielle aux sublimes jeunes filles : « Que font vos papas dans la vie ? ». L'une a répondu qu'il était Général, l'autre, Colonel et là, tous mes camarades ont déserté la table. Nos parents, on les aime, mais il est parfois difficile de les défendre et ce, même s'ils savent se battre.

La prise d’armes est un cérémonial militaire, un rassemblement suivant un protocole solennel. Elle se déroule dans une emprise militaire, lorsqu'elle est destinée à la reconnaissance d'un nouveau chef de corps ou à la remise de décorations. Lorsque la prise d'armes a pour objet de commémorer un événement historique ou d'honorer une personnalité, elle peut se dérouler sur la voie publique.

Nous sommes 70 musiciens répartis dans deux bus attendant les ordres pour participer à ce genre d’évènement, au cœur d’une caserne. Un peloton constitué exclusivement de femmes s’affaire à préparer la cour. Dans les bus, c’est indescriptible, tant la surexcitation rend les hommes affreusement bruyants. Il est clair que ces femmes en uniforme allaient forcément sentir à un moment ou à un autre les phéromones masculines. La première qui a réagi débâchait un camion. Elle nous a souri. Sa bouche était dépourvue des 4 incisives du haut ; ça a été radical, tous mes camarades se sont assis et ont fait silence.

Pour certains, c’est une Drôle D’idée que d’être fidèle. Elève de musique de mon père, Sylvie avait dix ans la première fois que je l’ai vue. A seize ans et moi dix-huit, nous nous sommes fiancés. Je n’ai connu qu’elle. Pourtant, durant mon service, à deux reprises, j’ai mal agi. La première fois, j’étais triste, car encore une fois, en raison d'un bal, je n'ai pu avoir une permission. Les membres de l'orchestre étaient installés à l'avant du bus. Je m'étais assis au fond du véhicule, seul et broyant du noir. Nous croisons deux jeunes demoiselles sur leurs bicyclettes et je leur fais un signe de la main. Elles me sourient. Leurs regards se fixent sur moi. Leurs têtes se tournent pour ne pas me perdre de vue, mais elles disparaissent avec leurs vélos dans le fossé.

Lors d'un concert en extérieur, je me suis rendu compte qu'il ne fallait pas jouer avec les groupies. Je n'ai fait cela qu'une seule fois et je vous assure ne plus jamais avoir recommencé. J'ai eu trop peur ! Je chante. Une fille me regarde. Je lui fais un clin d'œil. Elle ne me lâche plus. A la fin du concert, ça a été compliqué de lui expliquer en allemand ce que je ne ressentais pas pour elle !

Le 18 juin 1994, les troupes alliées occidentales stationnées à Berlin, défilent ensemble pour la dernière fois dans les rues de la capitale allemande. Le 8 septembre 1994, elles quittent définitivement Berlin. Donc en 1986, j'ai eu la chance de participer au défilé interallié. Cette ville reste gravée dans ma mémoire. Le mur était encore debout avec ses barbelés, ses miradors et ses militaires en armes. Intrigué par l'ouvrage, je me hisse au sommet du mur pour saluer les soldats Est-allemands en demandant à mes camarades musiciens d'arrêter de me ramener côté Ouest. De quoi avaient-ils peur ?

Le jour suivant, notre commandement nous a emmenés en visite côté Est, mais sous conditions. La tenue militaire de parade était de rigueur et ça tombait bien, je l'avais dans ma garde-robe. De l'autre côté, il y avait des véhicules sombres, vitres teintées, de forte cylindrée, munis de plaques diplomatiques occidentales qui circulaient. C'était étrange d'apercevoir en vrai ce travail de renseignement ; OSS 117 ne devait pas être loin.

On nous a conduits sur une magnifique place opulente où j'ai pu acheter un renard en peluche pour ma fiancée. En m'écartant du groupe, j'ai découvert l'envers du décor. Les façades des magasins étaient réalisées façon décor de cinéma laissant croire à des immeubles de plusieurs étages, dont seuls les rez-de-chaussée étaient fonctionnels. Les rues jouxtant ces magasins étaient toujours couvertes des stigmates de la deuxième guerre mondiale. Les impacts de tirs couvraient les façades. Les balcons détruits n'étaient pas reconstruits.

Côté Ouest, il régnait une atmosphère de fête permanente. Tout était accessible et à toute heure, discothèques, peep-shows(24), philarmonique de Berlin, Waouh… J'avais envie de reprendre cette célèbre phrase 'Ich bin ein Berliner'[25], prononcée par le président des États-Unis John Fitzgerald Kennedy, dans le discours qu'il a fait lors de sa visite à Berlin-Ouest le 26 juin 1963, à l'occasion des quinze ans du blocus de Berlin.

C'est dans cette ville que j'ai testé le moyen de désorganiser la musique durant ses évolutions. Dans le jargon militaire, on parle d'évolutions pour les parades réalisant des figures synchronisées sur la musique. En jouant de nos instruments, nous nous déplacions pour réaliser des formes complexes dans des stades, devant plus de 30 000 spectateurs. Sur une figure, en tant que premier tambour, je me retrouvais seul au centre pour faire un solo. La musique des FFA réalisait des prestations de prestige et le chef de la musique militaire prenait tant d'engagements que je n'étais pas certain d'avoir ma permission pour le mariage de ma sœur Liliane. Il m'avait promis cette permission, avant d'accepter une Xème prestation dans un stade. Il comptait sur moi pour le solo et était revenu sur sa parole. J'ai téléphoné à ma fiancée, pour qu'elle prévienne ma famille. Si l'on m'obligeait à jouer, j'allais faire une très grosse bêtise qui me mènerait certainement vers un emprisonnement à perpétuité.

A Berlin, durant l'entraînement, j'ai testé mes capacités à casser le pas militaire, lors d'une évolution. Au moment d'un jeu sans tambour, alors que j'ai le rôle de caisse claire, je joue faiblement et en ralentissant le tempo. La troupe est aux quatre coins du stade ; c'est parfait pour mettre la pagaille. Le Tambour Major, fou furieux, court vers moi en hurlant, mais le Chef a compris et me laissera assister au mariage, à contrecœur. Ces gradés n'ont jamais eu connaissance de la finalité de cette Drôle D'idée. J'envisageais au moment du solo de planter mes baguettes dans la peau de mon tambour et de rester immobile au milieu des 30 000 spectateurs, attendant que l'on me sorte, manu militari.

Lors d'une soirée de gala, nous jouions du Gershwin, chef d'orchestre américain, né le 26 septembre 1898 à Brooklyn et mort le 11 juillet 1937, à Los Angeles. Il composait des partitions cinématographiques et des chansons populaires dont bon nombre sont devenues des standards de jazz, grâce notamment à Ella Fitzgerald, Louis Armstrong, Herbie Hancock et de nombreux autres chanteurs ou acteurs. A présent, c'est moi qui interprète sa musique avec près de 70 autres musiciens. Le chef me fait signe de jouer ma partie, mais j'ai perdu le compte des mesures à vide et je ne sais plus quoi faire. La salle est bondée. Tous ces yeux qui me regardent ! C’est comme en plein champ de bataille, tu peux t’enfuir, mais tu seras fusillé. Alors, prenant mon courage à deux mains, je me lance et frappe, frappe mon wood block, cet instrument de musique, cette percussion constituée d'un morceau de bois creux sur lequel on tape avec un morceau de bois plein. J’ai improvisé ma partie musicale et… visiblement, soit j’avais du talent, soit tu peux faire n’importe quoi pour rendre heureux des militaires.

J’ai ce souvenir fabuleux d’avoir fait vibrer tant de Sous-Lieutenants, Lieutenants, Capitaines, Commandants, Lieutenants-Colonels, Colonels, Généraux et leurs épouses à la base militaire du Plateau d'Albion. De 1971 à 1996, c’était le site de lancement des missiles nucléaires sol-sol balistiques de la force de dissuasion nucléaire française. Alors, il me fallait me surpasser pour ce concert. L’ambiance était atomique, le chef en extase n’arrêtait pas de nous tourner le dos, regardant la salle en liesse. Moi aussi, j’allais libérer mes sens.

J’étais derrière mes bongos, képi sur la tête, fourragères à l’épaule, chaussures cirées et gants blancs de rigueur, bien comme il faut et jouant au garde-à-vous. Mais quand le chef regardait les spectateurs en me tournant le dos, je retournais mon képi, mettais mes fourragères par-dessus l’épaule et dansais en faisant le tour de mes percussions. Une fois le concert terminé, des femmes d'officiers sont venues me dire que c'était la première fois qu'elles voyaient un musicien militaire vivre la musique.

Je pense à ce frère tambour qui, dans notre chambrée, se plaçait devant un tabouret qu'il agrémentait de bougies, de bâtons d'encens, d'un crucifix, d'un petit bouda, d'images pieuses, de petites figurines et du مسبحة misbaḥa, ce chapelet utilisé pour la récitation des prières glorifiant le dieu des musulmans. Mon frère tambour mélangeait toutes croyances imaginables. Comme lui, hommes et femmes cherchent à tout prix des correspondances dans les pratiques et les doctrines, même quand elles sont inexistantes. On ne cherche pas la vérité. On invente sa vérité. Un syncrétisme, un mélange d'influences complètement dingue à mes yeux ; une Drôle D'idée qui ne me viendrait pas à l'esprit !

Et toutes les bonnes choses ont une fin, les mauvaises aussi. Avec les musiciens libérables, j'attendais le bus militaire qui devait nous emmener à la gare ferroviaire de Rastatt. La navette devait nous prendre à 11 heures, mais elle n'arrivait pas. Le véhicule était en panne et on finit par nous l'annoncer pour 17 heures. Lors de la sonnerie pour le repas de midi, je me dirige vers la cantine de la caserne. Mes camarades me rappellent que nous ne nous étions pas inscrits la veille pour le déjeuner. Je les convaincs et ils finissent par m'accompagner au réfectoire.

Une fois repu, l'Adjudant-Chef nous convoque à son bureau. Il nous remonte les bretelles et hurle : « Vous n'étiez pas prévus pour le repas. Vous restez 3 jours supplémentaires ! ». Calmement, je lui explique que nous ne pouvions imaginer à l'avance un tel retard de notre bus. Il réhurle. Mes camarades sont terrifiés. Je flatte l'égo de l'Adjudant-Chef qui se calme et nous autorise à prendre la navette de 17 heures. Là, je reviens sur le retard du transport militaire qui nous a contraints d'aller manger sans autorisation. Il s'emporte à nouveau et réhurle : « Vous restez pour 3 jours supplémentaires ! ». Alors cet échange m'amuse plus que mes compagnons qui me pressent d'arrêter cette Drôle D'idée, celle de se confronter à l'autorité militaire. Est-ce que 12 mois n'auraient pas suffi ? Je redonne raison à l'Adjudant qui, à nouveau, nous laisse partir et je recommence à justifier notre geste. A nouveau, il sort de ses gonds et, tremblant de rage, me dit que tous les autres peuvent quitter l'armée, sauf moi !!!

J'entends encore les murmures de mes amis : « Arrête, s'il te plaît, arrête ! ». Devant un officier alcoolisé, il est vrai que j'aurais pu m'arrêter et après une Xème pirouette, j'ai été autorisé à rentrer chez moi. Mais, je ne pouvais revenir à la vie civile, sans offrir un cadeau à ce gradé. Descendu dans la cour de la caserne, je ramasse des glands sous un chêne, avant de retourner dans le bureau de la discorde. L'Adjudant-Chef n'est malheureusement plus là, mais je lui laisse un petit mot d'au revoir et quelques glands de chêne symboles de force et de renaissance !

Mise en orbite

La vie professionnelle commence ; les choses sérieuses vont commencer ! Mais avant tout, je me rappelle les paroles que ma maman me disait petit : « Mon fils, ce n'est pas en regardant la télévision que tu gagneras ta vie ! ». Eh bien, elle avait tort ! Au retour de l'armée, je ne voulais pas travailler dans l'électricité de puissance, comme la plupart des électrotechniciens.

Devenir technicien pour la télévision ou pour une radio m'aurait plu. N'étant ni qualifié pour, ni pistonné, j'ai prié et une entreprise fabriquant des récepteurs satellites m'a recruté. Vivant la naissance de l'entreprise, nous sommes 5 techniciens à devoir travailler à tous les stades de fabrication d'un récepteur satellite. Avec nous, 70 filles œuvrent à la production. Elles assemblent et nous réglons et réparons les modules électroniques.

Arrive le jour où nos postes respectifs de travail sont définis. Je me retrouve à encadrer une équipe de 6 dames, dont l'une est une véritable nymphomane. Le technicien qui m'avait précédé travaillait avec elle d'une façon déconcertante. Elle était souvent sur ses genoux. A présent, je la cadre, mais elle tente de m'emmener dans ses délires. Après moult[26] péripéties, je lui propose de retourner sur les genoux de mon collègue, ce qu'elle a accepté. A la fin d'une journée de travail, ladite érotomane[27] entre dans les vestiaires hommes. Immédiatement, je la saisis et d'un coup de pied sur l'interrupteur, j'éteins la lumière. Au centre de la pièce, je l'allonge dans notre longue vasque et ouvrant tous les robinets, je la couvre d'eau en m'exclamant : « J'espère que tes chaleurs ont passé ! ».

En pleine production, une aide magasinier est venue disturber[28] mon équipe. Elle parlait, parlait, quand il fallait travailler, travailler. Je la mets en garde, et elle retourne au magasin. Quand elle revient, je lui rappelle la sanction que j'allais prendre contre elle et l'informe qu'il n'y aura pas de troisième sommation. A sa troisième visite, je l'ai placée dans une caisse en bois ajourée que j'ai remplie de chips de polystyrène et clouée bien sûr. Puis avec un chariot élévateur, je l'ai placée au milieu de l'atelier et soulevée au maximum de hauteur, avant de rappeler les objectifs de travail à l'ensemble des équipes. La disturbeuse criait, les chips de polystyrène tombaient comme des flocons de neige, mais l'attention des ouvrières pour leur mission était rétablie et ce jour-là, le quota de production a été largement atteint.

Lors d'un entretien, je propose à l'ingénieur de production l'écriture d'une note de service à destination de l'atelier. Pour des questions d'hygiène, nous allons devoir tous porter des schlàppa. On prononce 'chlopa' en Alsace, 'charentaises' en Charente et 'pantoufles' dans d'autres régions de France. A la diffusion de la note, l'atelier était en effervescence. Certaines collègues ne savaient même pas ce qu'était des schlàppa. Beaucoup n'en avaient jamais portés. A la question du financement de ces confortables chaussons, je répondais que ce n'était pas bien onéreux, car mes Drôles D'idées ne pouvaient pas être financées par la société. A la date dite, toutes les ouvrières les avaient aux pieds. Par la suite, ma plaisanterie a été découverte, mais le port des schlàppa fut conservé par l'ensemble du personnel. Une Drôle D'idée peut apporter du confort au travail et devenir progrès social.

Je vous livre ici une astuce que j'utilisais pour sensibiliser mon équipe à la sécurité. Il suffit de connecter à la multiprise électrique du bureau un condensateur chimique. C'est un composé électronique dit passif qui a la capacité de stocker et de restituer de l'énergie. De forme cylindrique, le condensateur chimique est utilisé en courant continu.

Ne perdez pas le fil ! Les ouvrières prennent leurs postes, et pour pouvoir travailler, elles mettent leur multiprise électrique sous tension alternatif et le composant destiné au courant continu ne peut le supporter. Il explose en se déroulant comme un serpentin de fête ; c'est ainsi que je captais l'attention des filles dès le début de la journée.

L'entreprise n'a que 2 ans d'existence ; elle vacille. La production est bonne, les ventes aussi, mais un problème juridique avec la maison mère au Canada provoquera la fermeture de l'usine. Durant 3 mois, nous n'avions plus ni directeur, ni ingénieur. Autant dire que cela allait mal. Pour remonter le moral des troupes, j'organise des jeux sans frontières. Un peu comme ce jeu télévisé créé en 1965 par Guy Lux, Claude Savarit et diffusé par les chaînes de vingt pays européens. Il a été conçu à l'initiative du président de la République française, Charles de Gaulle, comme un Intervilles à l'échelle de l'Europe.

Ne perdez pas le fil ! Nous sommes dans les locaux de mon premier véritable travail et j'organise ce que j'ai appelé 'Le ver non solitaire'. Toutes les ouvrières désireuses de concourir se mettaient sur une file, assises sur leur chaise à roulettes. Les techniciens devaient, chacun à leur tour, les entraîner dans l'atelier avec un chariot élévateur. Le but des jeux était de faire lâcher prise aux filles et je peux vous dire qu'elles en avaient besoin.

Le mariage

Est-ce une Drôle D'idée ?

Non, pour moi c'est une alliance très sérieuse. En regardant l'origine étymologique de ce mot, on en comprend mieux le sens. En français, le mot 'mariage' provient du verbe latin *'maritare'* issu de *'maritus'* qui dérive, d'après une explication traditionnelle de *'mas'*, maris, le mâle. L'adjectif qui lui correspond 'matrimonial' provient du substantif latin *'matrimonium'* issu de mater, la mère et signifiant également mariage. Le mot n'a pas laissé de substantif en français, mais reste néanmoins présent en italien, en espagnol et en portugais, sous la forme de 'matrimonio' et en anglais sous la forme de 'matrimony'.

Dans les pays latins, le cadre lexical du mariage renvoie donc à une forme juridique, par laquelle la femme se prépare à devenir mère par sa rencontre avec un homme. Il est puissant, ce cadre du mariage, entre un homme et une femme qui donnent la vie. Eh oui, quand tu veux faire passer le courant, tu n'utilises pas 2 prises mâles, ni 2 femelles… tu risques l'électrocution.

Avant de vous conter notre mariage, il faut vous donner le sens qu'il a pour Sylvie et pour son homme. Nous nous aimons tant, qu'il nous est impossible de vivre l'un sans l'autre. Nous ne sommes qu'un. Elle a tout de moi. J'ai tout grâce à elle. Dieu est tout pour elle et pour moi aussi ; il fera partie de notre alliance. Dans ce cadre, nous avons souhaité nous marier à l'église avant la Mairie, mais légalement cela nous a été refusé. Nous sommes donc passés devant Monsieur le Maire, le 1er avril 1989. Ce n'est pas une blague, juste une Drôle D'idée. En ce même jour, pour l'église, j'ai programmé toute la musique de la cérémonie sur mon ordinateur. Ma maman, sentant que j'allais avoir une Drôle D'idée, a vendu la mèche au pasteur qui a demandé une répétition générale.

La marche nuptiale de Felix Mendelssohn datant de 1843 est le standard indémodable. Si déjà je la programmais informatiquement, autant lui donner un petit coup de jeune. Le final fut donc réécrit dans l'esprit de Bond, James Bond. Lors de la répétition, comment faire pour que mon pasteur, sur le qui-vive, ne m'interdise pas la marche nuptiale façon Agent 007 ?

Les 3 quarts de cette introduction musicale étaient parfaitement conformes à l'original. Durant cette partie, le pasteur était assis et attentif. Peu avant la partie moderne, je me suis placé à côté de lui pour parler d'un sujet biblique qu'il affectionnait. Son attention n'était plus sur la musique. Ne se rendant compte de rien, il a validé l'organisation de l'évènement. Oui, mais le jour 'J', cela n'a pas été de même ; toute l'assemblée a été étonnée de l'évolution de cette marche nuptiale. La joie de l'assemblée est venue s'ajouter à la joie des mariés, mais le pasteur était un peu troublé. Est-ce pour cela qu'il n'a pas réussi à ouvrir la boîte des alliances ? Finalement, il m'a remis le coffret que j'ai dû forcer, dos aux paroissiens, pour pouvoir extraire les 2 anneaux. La cérémonie du mariage passe si vite !

Lors de la soirée, la musique était de la partie, bien sûr. Mon épouse me répète jour après jour : « Pourrais-tu ne rien faire, juste une fois ? ». Et pour mes noces, j'ai joué de la musique avec mon père. Nous avons fait danser la famille et les amis. Au début du repas, je m'éclipse pour revenir dans la salle du banquet en pyjama et pantoufles. J'avais mis le vêtement de nuit de mon défunt grand-père, ce qui a fait pleurer ma grand-mère. Mais étant le marié, j'ai conservé le nœud papillon rouge, la ceinture rouge et la pochette rouge du costume. En me voyant, les convives, attablés, font silence et je peux dire à Sylvie : « Viens ma chérie, rentrons chez-nous et consommons notre amour ». Elle me regarde, étonnée. La famille la retient et je quitte à nouveau la salle de banquet.

Ne perdez pas le fil ! Nous sommes un 1er avril. Je reviens cette fois en caleçon, pantoufles, mousse à raser sur le visage et aussi mon nœud papillon rouge. Bref, je suis là pour dire à la sœur de ma maman : « Au fait marraine, tu as oublié de me féliciter et de m'embrasser ». Elle se lève pour fuir, mais c'est peine perdue. Je la couvre de bizZoux(29) et de mousse à raser, ainsi que ma maman qui essayait de la protéger. Il me paraissait normal d'assurer spectacle et Drôles D'idées en cette magnifique journée pluvieuse et heureuse.

Quel que soit votre contrat de travail, vous avez droit au minima à 4 jours de congés payés. En 1989, notre couple voulait convoler en justes noces avec 3 semaines de congé. Mon employeur a refusé de me libérer, ce qui m'a conduit à lui rappeler le cadre légal. Il m'a alors accordé le minimum autorisé par la loi et nous avons pu partir pour peu de jours à Paris.

Les lecteurs de la bande dessinée Astérix le savent. À l'origine, la capitale de la France se nommait Lutèce. Une appellation vraisemblablement due aux terres boueuses, du latin *'lutum'* qui veut dire boue et sur lesquelles s'établit au 3ème siècle avant notre ère le premier village de pêcheurs celtes portant le nom de Parisii. En 52 avant Jésus-Christ, la capitale change de nom à la demande de l'Impérator Jules César. Les Romains renomment simplement la bourgade d'après le nom des Parisii, *'civitas Parisiorum'*, ville des Parisii.

De ce village boueux, Lutèce est devenue Paris, capitale mondiale de la mode, ville des lumières, ville de l'amour… et nous avons fait la Traversée de Paris, tout comme Louis de Funès, Jean Gabin et Bourvil, mais 33 ans après la sortie du film. Ce ne sont pas des soldats allemands qui nous ont arrêtés dans le métro, mais un équipage de la Police Nationale. Lorsque je leur présente mes papiers d'identité, on me demande de vider mes poches. Le couteau suisse, ils ne l'ont pas aimé, certainement un problème culturel. A la vue de ma bombe lacrymogène, la police me demande pourquoi je porte ces armes ?

La loi interdit le port et le transport d'une arme. Même un aérosol de défense de moins de 100 millilitres ne peut pas être porté sans motif légitime et son évaluation reste à l'appréciation des forces de l'ordre, lors d'un contrôle. On m'avait prévenu que Paris était dangereux !

Vous allez vous dire « Drôle de lune de miel... ». A l'hôtel, tombant de fatigue, je ne me retrouve pas dans les bras de Morphée, car l'expression fait appel à des dieux grecs que je ne souhaite pas glorifier. En effet, d'après la mythologie, Morphée n'est pas une séduisante jeune femme berçant les dormeurs. Non, Morphée est le fils d'Hypnos, dieu du Sommeil, et de Nyx, déesse de la Nuit. Ne croyant qu'au Dieu unique de la Bible, je dors en paix. Mon épouse, par contre, a le sommeil léger et l'ouïe si aiguisée qu'elle couvre sa tête de 3 coussins. Malgré ses efforts, la fête en cours dans la chambre qui jouxte la nôtre, l'exaspère. Elle se lève, tape contre le mur et réclame le silence. Quand elle revient auprès de l'amour de sa vie, il se saisit de sa bombe lacrymogène… non, il ne l'a pas gazée. C'était leur lune de miel.

Quatre jours de voyage de noces, c'est peu. Aussi le 14 juillet 1989, pour le bicentenaire de la révolution française, j'emmène Sylvie dans un restaurant 3 étoiles. Bien évidemment, j'ai improvisé et pas réservé. Le maître d'hôtel nous propose d'attendre qu'une table se libère. Dans le petit boudoir, je me retrouve entre les fesses de 2 angelots. J'étais en bonne compagnie, et l'attente ne devait pas durer. Le sommelier nous place à table. Il était classe et propre. Toute la soirée, il balayait la nappe pour retirer les miettes de pain. Pour le choix du vin, au vu de la pléthore de cuvées et surtout de leurs coûts pharaoniques, nous avons demandé une carafe. Ce qui nous avait attiré dans l'établissement était le tarif contenu du repas de fête proposé.

A la fin des différents plats de cette cuisine raffinée, je fais remarquer à ma compagne la pièce montée de desserts des 12 allemands de la table voisine. La même pièce montée nous a été servie. A peine croyable ! Après l'incontournable expresso, le maître d'hôtel nous porte l'addition et demande si cela a été à notre convenance. Quand je lui dis : « NON », il se liquéfie. Sylvie me donne des coups de pieds sous la table. Elle est super sociable, douce, aimante et nullement conflictuelle. Je reprends la parole pour faire remarquer au serveur : « C'est inadmissible, pour le bicentenaire de la révolution française, vous nous avez servi un repas Royal ! ». Le maître d'hôtel a alors repris des couleurs, bleu, blanc, rouge...

Les années passent et je reste fou d'amour. Chaque jour, je me dis : ***'Remplis-la de bonheur, trouve ta joie dans la compagne de ta jeunesse. Ta femme est aimable, et gracieuse comme une gazelle. Que son corps te comble toujours de plaisir. Abandonne-toi sans cesse à son amour.'***

(La Bible) Proverbes 5:18-19

Ce texte est pour toi, ma tendre : ***'Place-moi contre ton cœur, comme ton cachet personnel ; garde-moi près de toi, comme la pierre gravée à ton nom que tu portes au bras. C'est que l'amour est aussi fort que la mort. Comme la mort aussi la passion vous tient. Elle est une flamme ardente, elle frappe comme la foudre. Toute l'eau des océans ne suffirait pas à éteindre le feu de l'amour. Et toute l'eau des fleuves serait incapable de le noyer.'***

(La Bible) Cantique des Cantiques 8:6-7

Et comme toujours, tu me répondras : ***'Prends-moi par la main, entraîne-moi et courons. Tu es mon roi, conduis-moi dans ta chambre, rends-nous follement heureux tous les deux.'***

(La Bible) Cantique des Cantiques 1:4

La sexualité est importante dans la vie de couple. Dans beaucoup de croyances existe la pensée qu'en se privant, en souffrant, nos péchés seront atténués et on se rapproche de Dieu. Ma pensée est tout autre, car le sexe dans le couple est un cadeau et ***'Tout ce que Dieu a créé est bon ; rien n'est à rejeter…'*** (La Bible) 1 Timothée 4:4

Et puis, j'aime l'invitation de ce livre saint qui dit : ***'Jouis de la vie avec la femme que tu aimes, chaque jour de la fugitive existence que Dieu t'accorde ici-bas.'*** (La Bible) Ecclésiaste 9:9

Mais c'est une invitation, pas un dû et soyons clair ! Si la Bible donne place à la jouissance dans la sexualité, elle invite aussi à la fidélité ! Et j'ai cette Drôle D'idée d'être fidèle.

J'aime passionnément mon épouse depuis plus de 30 années, mais je vais essayer de moins penser à elle, car il y a ce livre retraçant l'épopée d'une vie rigolote à finaliser.

Le câble

Après mon d'job dans la réception satellite, il a bien fallu trouver un nouveau labeur dans la lignée de vous savez ce que maman me disait : « Mon fils, ce n'est pas en regardant la télévision que tu gagneras ta vie ! ». Encore une fois, une entreprise naissante m'embauche et je deviens responsable de projet dans la construction d'un réseau de télévision par câble.

Cette société suisse m'envoie à son siège pour une formation d'un mois. Accompagné de 3 collègues de la société précédente, nous nous rendons en Suisse alémanique. En route, je n'en mène pas large avec mon allemand vraiment minable. Je prie dans la voiture et implore l'aide divine, car je ne crois pas pouvoir résister à cette épreuve. Ils vont bien voir que je ne comprends pas grand-chose à la langue de Goethe. Le formateur est également officier dans l'armée suisse. Au garde-à-vous à toutes ses questions, je réponds : « Ja ! ». Mon vocabulaire ne me permettant pas vraiment beaucoup plus.

Le soir, les 4 français, nous mangions toujours ensemble dans l'appartement du plus âgé. La vaisselle était faite à tour de rôle ; sauf un soir où je m'y suis collé à la place du vieux. Il n'a plus contesté son tour par la suite, car j'avais étalé assiettes et couverts dans sa douche pour qu'ils sèchent bien sûr... Le mois de formation passe finalement rapidement. Je ne comprenais pas ce que disait notre officier formateur, mais les dessins, les schémas électriques et les formules mathématiques ont été ma planche de salut. A l'issue de ce stage, je deviens formateur à mon tour pour la France, comme quoi la langue n'est pas une barrière.

Mon nouveau directeur a eu vent de ma passion pour la musique informatique et il m'a donné une triple casquette dans l'entreprise : responsable de projet, formateur et informaticien. Cela faisait bien 5 ans que j'orchestrais mes musiques sur un ATARI 1040ST, mais c'était loin du monde des ordinateurs PC, Personal Computer en anglais, ordinateur personnel en français. En 2 semaines, j'ai appris le langage de base du PC ; le MS-DOS est l'abréviation de Microsoft Disk Operating System développé par Microsoft pour l'IBM PC d'abord, puis pour les compatibles PC. Des années 1980 au début des années 1990, il a été le système le plus utilisé sur compatible PC, avant d'être progressivement remplacé par des systèmes d'exploitation plus évolués, notamment Windows. Son développement est depuis arrêté. Toutefois, il est encore présent sur les ordinateurs modernes fonctionnant sous Windows et encore utilisé via l'invite de commande.

Ne perdez pas le fil ! J'ai la main sur les ordinateurs de l'entreprise, quand me vient une Drôle D'idée. Arrivant avant la réceptionniste, je remplace le protocole de démarrage de son PC par des lignes de commandes savamment programmées. Imaginez la scène ! Elle met en route son ordinateur. Discrètement et juste au-dessus d'elle, sur un balcon intérieur, je scrute ses réactions. Le fond d'écran habituel est remplacé par un texte qui dit : « Bonjour Marie », accompagné d'un gloussement électronique. Etonnée, Marie s'assoit devant son écran et tape sur son clavier. Apparaît alors : « Que me veux-tu ? » avec en même temps, une vocalisation électronique bizarre. Elle regarde l'écran qui affiche : « Mais, que me veux-tu ? ». Désemparée, elle se tient la tête et l'ordinateur se met à dérailler, les mots défilent à grande vitesse et la vocalisation s'amplifie jusqu'au bip répétitif de fin qui faisait penser à un combiné téléphonique raccroché.

Hormis les actions purement récréatives menées grâce à nos amis, les ordinateurs de bureau, j'ai eu bien d'autres joies. Quelques jours avant l'inauguration de nos nouveaux locaux, je me suis porté volontaire pour décrocher l'élingue du mât d'antenne qui venait d'être posé sur le toit du bâtiment. Quelle Drôle D'idée que de monter à près de 50 mètres sur ce tube métallique d'un mètre de diamètre. Je voulais vaincre mon vertige. Il y avait un rail de sécurité et j'étais équipé d'un baudrier, mais une fois au sommet, cela a été terrifiant. Au sol, on m'encourageait à me décrocher du rail pour atteindre l'élingue du grutier. Pour cela, on m'avait remis une sangle de sécurité que j'ai bien attachée une fois au sommet, mais je n'ai pu me résigner à me décrocher du rail. Afin de garantir parfaitement ma sauvegarde, je me suis attaché avec une troisième protection, une corde que j'avais pris la liberté d'emmener au cas où. Ceinturé de toutes parts, j'ai eu du mal à défaire l'attache de la grue de levage. Sans avoir la manière, je l'avoue, j'y suis arrivé. J'étais à la hauteur des pointes des églises dans le tangage dû au vent ; mais pour autant je ne me suis pas pris pour un ange…

Le matin de l'inauguration des nouveaux locaux de l'entreprise, mon directeur me demande d'aller acheter du papier toilette. Mais qu'est-ce que les êtres humains utilisaient avant l'invention du papier toilette ? Durant l'époque de Nara, au 8ème siècle, les usagers des toilettes japonaises se munissent de 'chūgi', bâtons en bois de 20 à 25 cm de longueur servant à nettoyer le canal anal aussi bien interne qu'externe. A la même époque, les autres civilisations n'utilisent pas de papier toilette, la Chine gardant secret son invention depuis le 2ème siècle. Le nettoyage de la région anale après la selle s'effectue, selon les pays, les climats et les coutumes, avec des pierres, divers végétaux, de la neige, de l'eau, des coquillages, des tissus, des fourrures d'animaux ou simplement à l'aide de la main. Au 19ème siècle, l'immense majorité des français utilisait du papier journal pour s'essuyer. Il a fallu attendre la fin des années 1950 pour voir le 'papier cul' s'introduire dans les foyers français, et très vite être désigné par ses initiales phonétiques PQ.

Ne perdez pas le fil ! Ce n'est pas forcément dans mes attributions premières, mais j'accepte la mission officielle. Mon véhicule de service est dans la haie d'honneur, je prie alors mon directeur de me laisser les clefs de son bolide surpuissant. Accompagné d'un jeune assistant dessinateur, je m'installe au volant de ce véhicule de sport aux senteurs cuir et patchouli. Le jeune Robin s'accroche à son siège quand, dans le parking souterrain, les pneumatiques chantent tout comme le moteur d'ailleurs. Imaginez, deux super-héros en habit du dimanche achetant du PQ ! Une fois de retour, les officiels sont là. Le jeune Robin a peur et laisse Batman seul livrer le précieux papier. Puis mon directeur me confie une nouvelle mission. Plusieurs ouvriers œuvrent encore sur le toit, je dois m'assurer de leur sécurité. En grimpant les marches deux par deux, la poussée exercée va tout naturellement renforcer la tonicité et la musculature de vos jambes. Vous allez donc les affiner ; c'est bénéfique.

Ne perdez pas le fil ! J'ouvre la porte menant au toit et là, à genoux devant moi, en bleu de travail, mon Caporal du temps de mes classes. A l'armée, c'est lui qui me braillait dessus, me faisait courir, me faisait faire des pompes et des abdominaux. Que notre monde est petit ! A genoux devant moi, il lève les yeux et me demande : « Qu'est-ce que tu fais ici ? ». Le sourire aux lèvres, je lui réponds : « Cette fois, c'est moi qui te fais crapahuter ! ».

Faisons attention aux personnes faibles et sans pouvoir ! Elles méritent notre respect. Il se peut qu'un jour, la situation s'inverse… ***'Ainsi, ajouta Jésus : « ceux qui sont les derniers seront les premiers et ceux qui sont les premiers seront les derniers. ».'*** (La Bible) Matthieu 20:16

Accrochez-vous pour l'histoire avec Christian, mon aîné de 20 ans. En ce beau jour de printemps, il intègre la société et mon bureau. A présent, nous sommes 2 dans cette petite pièce, au deuxième étage de cette ancienne filature reconvertie en zone d'activité tertiaire. Il est fort sympathique, jusqu'au moment où il allume une cigarette. Je lui demande de ne pas fumer au bureau et ça va partir en cacahuète.

Depuis la loi Évin de 1991, suivie de celle du 1er février 2007, il est interdit de fumer sur son lieu de travail, ainsi que dans les administrations, établissements scolaires, établissements de santé. Oui, mais nous sommes en 1990, au moment de mon entretien mouvementé. Christian fume depuis son adolescence et a toujours fumé au travail. J'aurais pu comprendre qu'il veuille continuer dans mon bureau, mais NON ! Je lui répète ma doléance, et ce n'est qu'après son refus catégorique que de Drôles D'idées me viennent.

Je l'avertis encore, tout en lui dressant le tableau du personnage qu'il a devant lui. Il persiste. Christian aime visiblement fumer, travailler un peu et se déchausser au bureau. Discrètement, je récupère ses chaussures en daim. Pour la suite, ma connaissance du bâtiment fera le reste. La toiture d'une ancienne filature est en dents de scie. Depuis la fenêtre de mon bureau, on a vue sur l'un de ses sommets. Les godasses de ce fumeur invétéré ont fini là-haut. A midi, mon collègue voulant se sustenter(30), cherche ses godillots. Il finit par me demander de les lui rendre. Suivant mon regard jusqu'au haut de la toiture voisine, il me commande de chercher ses grolles.

Lui redemandant s'il allait arrêter de m'intoxiquer au bureau, il me répond que NON et pas amicalement. Aussi, je le prie de se débrouiller seul et quitte momentanément le bureau. Christian sort par la fenêtre en chaussettes, il glisse et n'arrive pas à se hisser au sommet du toit. Je referme la fenêtre, le laisse seul sur la couverture du bâtiment et quitte la pièce. Au rez-de-chaussée, la situation délicate du fumeur est signalée à mes collègues avant de partir.

A mon retour, je reformule ma demande d'arrêt de nicotine, mais Christian se braque. En milieu d'après-midi, il se rend aux toilettes et je piège une de ses cigarettes. Je vous rappelle avoir toujours sur moi un petit kit de farces et attrapes, du poil à gratter, des amorces... Une petite charge explosive est précautionneusement placée dans l'une de ses clopes. Néanmoins durant l'après-midi, il n'y a pas de détonation. Il faut dire qu'il avait 3 paquets sur la table. Je me suis dit que cela n'était pas grave et qu'il vivrait l'expérience chez lui !

Le lendemain, je tends ma main pour saluer Christian. Il la refuse et ne veut plus me parler. Toute la matinée, je le prie instamment de me conter ses aventures. Il ne dit mot. A midi, il craque en me menaçant d'un : « Si je n'ai pas mon prêt, ça va mal finir ! ». Mais que lui est-il arrivé ? Il finit par me raconter ce qui s'est passé chez le banquier. Tout en demandant un prêt, il propose au directeur de sa banque une cigarette... celle-ci explose, le banquier s'effraye, lâche la cigarette sur la moquette qui prend feu. Christian me redit : « Si je n'ai pas mon prêt, ça va mal finir ! ». Que dire ? Cela a mal fini, il n'a pas eu son prêt.

L'entreprise de télévision par câble investit plus de 700 000 €uros dans un système cartographique informatisé. Sur les 12 chefs de secteurs, 2 travailleront avec ce nouvel outil, quand les autres seront relégués au piquetage et tâches annexes. Je postule, mais le bras droit du Directeur me parle de tests d'aptitudes. On désire me faire passer des examens ? Immédiatement, je demande à mon supérieur hiérarchique de retirer ma candidature. A-t-il oublié que j'ai été son formateur et responsable informatique ? Cela faisait plus d'un an que je ne formais plus personne et qu'à ma demande, l'informatique a été confiée à des spécialistes. L'Homme oublie vite. Mais la Direction retrouve la mémoire et je suis promu au poste sans passer de tests. C'est physiologique, je suis allergique à tout examen.

L'ancien débarras de l'étage est transformé en bureau pour l'installation du système cartographique. Il est démuni de fenêtre mais on en crée une qui donne sur le couloir du service. Puis, le local est baptisé 'l'aquarium' par mes collègues. Ces collaborateurs m'exaspèrent avec leur : « Il est beau, ton aquarium ! » et je décide de l'embellir. Durant mon temps libre dominical, j'ai découpé des poissons dans du papier brillant, avant de réaliser des chapelets de bulles et d'algues. Lundi aux aurores, j'installe le tout avec du fil de pêche dans mon aquarium et scrute les réactions de mes chers collègues. Sûr que cela a égayé le service ! Arrive le bras droit du directeur, il se heurte aux mobiles et les élus d'une dizaine de communes qui l'accompagnent se figent sur le pas de la porte. Tous sont ébahis devant la somptueuse décoration, quand le directeur adjoint finit par leur dire : « C'est normal, c'est Pascal et ses Drôles D'idées ! ».

Il faut dire, qu'il en a connu beaucoup durant notre étroite collaboration. Piégeage du tiroir de son bureau avec sa règle attachée à la perforatrice munie d'une demi-boîte de disquettes remplie des confettis de ladite perforatrice ; c'est festif les confettis catapultés à l'ouverture du tiroir. Récréatif aussi, ce jour où il est venu me réclamer le dossier d'un chantier en cours. Je l'avais attaché avec un gros élastique à mon bureau. Le chef est bien parti avec, mais pas longtemps. Les papiers lui ont échappé des mains et sont revenus à leur emplacement initial.

Toutes les bonnes choses ont une fin et pour la deuxième fois, je me retrouve dans une société mettant la clef sous la porte. Un matin pas vraiment Drôle, on nous rassemble pour lister les agents qui quitteront l'entreprise en fin de journée. Ils sont 80% de l'effectif à perdre leur emploi. Je suis gardé et la tristesse dans l'âme, j'accompagne mes plus chers collaborateurs dans leur dernière mission, classer leurs études aux archives. Trois de mes amis apportent un conteneur poubelle et y jettent leur travail et quantité de livres techniques. Leur demandant s'il m'était possible de récupérer des ouvrages, ils se concertent et me rétorquent que mes initiales sont sur le conteneur, que c'est donc le mien, que je n'ai qu'à faire comme je l'entends et qu'en attendant, j'allais finir dedans ! Les 3 gaillards s'approchent pour me saisir. Avec ma petite taille, je passe sous le premier assaillant, soulève le plus grand et le projette dans le conteneur, avant d'envoyer un coup de pied sur le torse du troisième qui s'affale sur le bureau.

Quand je prends conscience de mon action, je demande pardon et tends la main à celui qui gît au fond du conteneur. Marc se reconnaîtra du haut de ses 2 mètres et des poussières. Nous étions frères en Christ, nous retrouvant chaque dimanche dans la même église. Couché, immobile au fond de la poubelle, il me dit : « Laisse-moi réaliser ce qui est arrivé ; tu m'aideras à sortir un peu plus tard ». Six mois plus tard, l'entreprise était reprise par un grand groupe qui m'a proposé une diminution de 20% de mon salaire. Quelle Drôle D'idée ! Ce sera sans moi…

Mon expérience avec la nicotine

Le nom générique du tabac *'nicotianatabacum'* fait référence à Jean Nicot, ambassadeur de France à Lisbonne qui introduit le tabac à la cour du roi de France pour soigner les migraines du fils de Catherine de Médicis. L'adjectif *'tabacum'* vient d'un mot arawak désignant les feuilles roulées que les habitants de Haïti et de Cuba fumaient à l'arrivée de Christophe Colomb. Le tabac est un produit psychotrope dont la composition est complexe. La nicotine est certes présente, mais dans la fumée, on retrouve environ 4 000 composés chimiques dont des éléments radioactifs comme le thorium, le polonium et l'uranium. Alors quand vous lisez sur les paquets de tabac que le produit tue, ce n'est pas un mensonge.

Mon grand-père italien fumait des Gauloises sans filtre, quand il a vécu en France. Il était intégré à la culture du pays, mais n'a jamais pu s'arrêter de fumer. Quand tu fumes, tu deviens dépendant. Alors, il m'a fallu le vérifier. J'avais une quinzaine d'années, quand j'ai eu cette Drôle D'idée.

Mon argent de poche, en poche, je me rends au bureau de tabac pour acquérir 3 paquets de ces charmantes Gauloises. Une fois au logis, il me faut attendre le bon moment pour l'expérimentation. Mes parents s'étant absentés pour la journée, j'ai monté au grenier une chaise longue, un cendrier, une brosse à dents, des vêtements de rechange enfermés hermétiquement dans un sac plastique, avant d'entamer le premier paquet.

Les cigarettes défilent. J'ai le temps long, il me semble ne pas pouvoir finir les 3 paquets avant le retour des parents. A l'issue de ce premier paquet, je démarre le deuxième, fumant les cigarettes, 2 par 2, et je termine le troisième, 3 par 3, bien sûr. Les conclusions de l'expérimentation sont bénéfiques. Je n'ai plus jamais fumé ce produit psychotrope. Aujourd'hui, je commémore ces instants en allumant certains soirs un cigare cubain.

Non-fumeurs, méfiez-vous des aubergines. Dix grammes de ce légume contiennent 1 microgramme de nicotine et ainsi 10 kilos d'aubergines contiennent autant de nicotine qu'1 cigarette. N'abusez pas des aubergines… ou vous risquez de passer un bon moment aux toilettes.

Certaines plantes contiennent de la nicotine parce qu'elle leur sert de protection grâce à ses vertus insecticides. Quand puceron ou coléoptère s'attaque à une feuille de tabac, la plante l'empoisonne et il meurt paralysé. C'est écrit sur les paquets de tabac 'Fumer tue !'.

Folie giocoso

La musique est importante pour moi ; elle rythme ma vie... J'ai joué dans des groupes de tous styles et de tous horizons : musette, blues, rock, funk, big band jazz, latinos, militaire, classique, chorale, louange chrétienne, country. Pour ce dernier style musical des plaines sauvages des États-Unis d'Amérique, mon instrument était habillé d'une fausse fourrure brune et les cornes d'un bison trônaient sur ma grosse caisse.

Les musiciens entrent sur la scène du festival. Sous l'applaudissement du public, ils se saisissent de leurs guitares. Attendant en coulisse, je les regarde. Ils me font signe de les rejoindre. Tous ont un Stetson, chapeau de cowboy, sur la tête. Je place un énorme Sombrero sur la mienne. Ils ne s'attendaient ni à cela, ni à mon arrivée, avec un imposant cigare cubain. Prenant le temps de le couper avec un coupe-cigare, je finis par l'allumer. Deux, trois bouffées et je me place derrière ma batterie. Le spectacle a plu, mais j'ai souffert durant ce 1er morceau. Difficile de respirer avec un cigare en permanence en bouche. La fumée tout autour de moi m'asphyxiait, mais j'avais fait un tabac.

Avec ce groupe, nous avons fait des concerts au profit d'un village sinistré dans l'Aude. Il avait été victime d'inondations catastrophiques. Ayant affrété un camion pour transporter les dons et sommes engrangées, nous nous sommes rendus auprès des villageois avec de bonnes intentions. Un concert était prévu. Nous avons joué, mais très vite, nous avons entendu la populace se plaindre, non de la qualité de notre musique, mais du style jugé pas à leur goût. Elle attendait avec empressement le disque joker qui devait se produire à notre suite. Frustrés et déçus, nous avons rangé les instruments de musique, avant de nous diriger vers l'unique hôtel du bourg.

Poussé par cette force qui me donne de Drôles D'idées, je me suis dirigé vers le tableau électrique qui couvrait le secteur. Le village ne voulait pas de notre musique et je voulais dormir tranquille. Comment peut-on préférer des disques, de la musique en boîte de conserve à des musiciens live portés par un élan humanitaire ? Ce qui est sûr, j'ai bien fait sauter le courant. On a eu un peu de mal à retrouver l'hôtel, mais la nuit a été douce et silencieuse.

Bonus parental

C'est compliqué de faire un beau cadeau à ses parents. Ils ont tout. Que peut-on encore leur offrir ? De Drôles D'idées sont certainement ce qui leur fera le plus plaisir.

J'avais reçu une bouteille de schnaps de 1,5 litre. Bien sûr que je l'ai bue, mais pas que... Avec un peu de doigté, j'ai réussi à ouvrir le récipient tout en conservant le cachet de scellement intact. Après l'avoir remplie d'eau du robinet, je l'ai offerte à mes géniteurs pour Noël 1990. Au vu de cette impressionnante bouteille, je me rappelle ma maman me dire : « Tu n'aurais pas dû. ». Mais si maman, tu verras j'ai fait de mon mieux.

Deux ans passent et elle fait un gâteau qu'elle désire parfumer avec le précieux nectar alsacien. La bouteille est remontée de la cave et avant d'en verser dans sa préparation, elle hume cette eau de vie. Aucune odeur, c'est suspect. La madre(31) appelle le padre(32) qui goûte et déclare : « C'est de l'eau ! » et maman se demande si l'alcool peut s'évaporer.

Avant une injection ou une prise de sang, quand on vous met de l'alcool sur la peau, vous sentez un petit rafraîchissement local. C'est l'évaporation de l'alcool qui provoque ce ressenti. Si vous distillez un vin, qui contient environ 12% d'alcool, cet alcool s'évaporera avant l'eau et il suffit donc de condenser la vapeur et de recueillir le liquide obtenu pour avoir un alcool fort. Le schnaps, la vodka, le whisky, le cognac, l'armagnac et autres spiritueux sont fabriqués ainsi. Si par exemple, vous entreposez des tonneaux d'alcool pendant plusieurs années pour la maturation du whisky, l'alcool s'évapore spontanément et le volume du liquide baisse. C'est la joliment nommée 'Part des anges'. Pour la production de cognac, c'est un volume équivalent à 20 millions de bouteilles qui s'envole chaque année. Donc OUI, l'alcool peut s'évaporer !

Ne perdez pas le fil ! Maman se demande si l'alcool peut s'évaporer. Elle m'en parle et je lui explique que c'est moi qui ai changé le schnaps en eau, mais que mon héros restait Jésus-Christ car lui, son premier miracle a été de changer l'eau en un excellent vin. Marie devait voir son fils comme le meilleur des fils ; ma maman le pensait aussi du sien, parfois…

La chorale

A vrai dire, je ne suis pas chorale du tout, mais plutôt pop rock. C'est mon beau-frère, David, chef de cœur qui m'a fait l'honneur de jouer de la batterie dans sa formation vocale. Ce musicien classique, pianiste admirable, est également un beau-frère adorable. Quelle Drôle D'idée a-t-il eu en me demandant de jouer dans sa chorale inter-églises. Nous faisions des tournées essentiellement au moment des fêtes de fin d'année.

Lors d'une prestation au temple protestant de Thann, le concert prévoyait 2 grandes parties. La première se voulant musique classique, la guitare électrique, la basse et bien sûr la batterie n'y avaient pas leur place. La deuxième était d'un style que je nommerais 'gospel blanc' ou 'pop rock chrétien'. Sans en parler au chef de chœur, j'ai eu la Drôle D'idée d'entrer en scène muni d'un bonnet de Noël équipé d'un ressort au bout duquel culminait à un bon demi-mètre, un pompon blanc éclatant. Des bonnets rouges et blancs sont apprêtés pour tous les musiciens. Le guitariste a un bonhomme de neige sur le sien et le bassiste un renne. Les musicos clasicos(33) ont des consignes. Il ne faut pas toucher mot à David et cacher son bonnet aux belles couettes blondes, jusqu'au moment de l'arrivée triomphale des instruments modernes. Ce fut un concert de Noël avec couvre-chef de chœur…

L'année suivante, malgré mes frasques, David me redemande de jouer. Cette fois, il intercale entre le classique et le moderne, une partie africaine. Pour le dernier concert de l'année, je surprends à nouveau mon beau-frère. Avec de la fourrure synthétique et très peu de fil, je réalise une tenue semblable à celle de TARZAN. Imaginez le chef de chœur dans cette grande église emplie de paisibles protestants anabaptistes mennonites. Ce sont des chrétiens qui datent leur séparation avec le catholicisme du début du 16ème siècle. Le mot 'anabaptiste' signifie *rebaptisé*. Dans la première génération de ce mouvement, les convertis se soumettaient à un second baptême, ce qui était un crime passible de la peine de mort selon les codes juridiques de l'époque. Ils ont répudié leur propre baptême en tant qu'enfants, comme si c'était une formalité blasphématoire. Ils considéraient la confession publique du péché et de la foi, scellée par le baptême des adultes, comme le seul véritable baptême. Ils soutenaient que les nourrissons et les jeunes enfants ne sont pas responsables du péché, jusqu'à ce qu'ils prennent conscience du bien et du mal et puissent exercer leur libre arbitre, se repentir et accepter le baptême. Les anabaptistes, comme la plupart des réformateurs protestants, étaient déterminés à restaurer les institutions et l'esprit de l'Eglise primitive et identifiaient leur souffrance à celle des martyrs des trois premiers siècles chrétiens. Ces paisibles protestants anabaptistes mennonites sont donc persécutés et s'éparpillent en Europe et en Amérique du Nord. Les mennonites du sud de la Suisse se déplacent vers l'ouest et s'installent dans mon beau département, l'Alsace. Ils ont plutôt l'habitude de chants liturgiques classiques à plusieurs voix et j'arrive sur l'estrade avec ma peau de bête pour seul habit, un tambour africain dans les bras. L'assemblée rit et mon beau-frère pense que c'est en raison de son allocution, il est heureux. Je suis juste derrière lui, quand il se retourne pour faire face à la chorale. La surprise le laisse sans voix, un comble pour une personne qui veut te faire chanter.

Mes frasques ne l'empêchent pas de me redemander de jouer. Cette fois, il organise un prestigieux concert classique au Temple Saint-Etienne de Mulhouse, lieu réputé pour ses concerts de qualité. Le chef avait besoin d'un percussionniste. Des timbales philharmoniques coûtent entre 2 000 et 16 000

€uros, pièce. Pour jouer, il en faut au minimum 2, alors faites le compte. Je dispose d'un nombre significatif de percussions, mais les timbales n'en font pas partie. En revanche, j'ai un module de percussion électronique avec des sons extrêmement réalistes. David en est ravi, jusqu'au moment du concert, où il interviewe le pianiste compositeur de l'œuvre interprétée. Pendant qu'ils parlent face au public, je m'éclipse, me change et reviens avec une tenue de la période Renaissance, col à jabot et perruque poudrée. Je salue la salle, trébuche en remontant sur l'estrade et me replace derrière ma percussion électronique qui nous renvoie au 21ème siècle. Ce fut la dernière fois que j'ai été appelé à jouer pour la chorale ; j'étais allé trop loin dans mon retour vers le futur.

Ma foi

Après ce que vous venez déjà de lire dans ce livre, comment puis-je évoquer ma foi et son caractère sérieux ? Peut-être parce que, pour certains, c'est une Drôle D'idée que de dire son appartenance à Jésus-Christ ! Ne vous imaginez pas que je cherche à convaincre qui que ce soit par de belles paroles. Je ne crois pas à la religion qui, d'après moi, peut éloigner les êtres de leur créateur par des pratiques humaines destinées à les rassurer. En revanche, j'aime la relation sincère que je vis avec ce Dieu qui m'a permis de le découvrir en le priant, en lisant la Bible et en vivant des expériences incroyables !

Lors de mes années collège, Madame LEY était belle et, va savoir pourquoi, les noms de familles ne reflètent pas forcément la personne. Elle était ma professeure de français de la 4ème à la 3ème. Un beau jour du mois de mai, je devais faire non ce qui me plaît, mais un exposé. Madame LEY s'est opposée catégoriquement à mon choix de livre, la Bible, car pour cette philosophe accomplie, ce n'était pas un livre. Je lui ai fait comprendre que la notion de laïcité garantit aux croyants et aux non-croyants le même droit à la liberté d'expression de leurs convictions. La laïcité n'est pas une opinion parmi d'autres, mais la liberté d'en avoir une. Elle n'est pas une conviction, mais le principe qui les autorise toutes, sous réserve du respect de l'ordre public. Et dire que la Bible n'est pas un livre n'est pas recevable, car elle contient 66 livres distincts. Ma jolie professeure de français a capitulé et a fini par me donner son accord.

Le jour de l'exposé, toute ma classe est entrée dans la salle de cours, mais Madame LEY n'était pas là. Ce ne fut pas une raison suffisante pour m'arrêter. Je suis passionné d'histoire et celle de l'écriture de la Bible est extraordinaire. Cette série d'ouvrages est exceptionnelle sous plusieurs points. Elle a été préservée jusqu'à notre époque, a été écrite sur une période de trois mille ans et retrace une histoire vieille de plus de cinq mille ans. Son exactitude historique continue d'être attestée par les découvertes récentes. Mon exposé avait débuté depuis plus de 15 minutes, quand ma professeure entre en classe, bien en retard et sans un mot d'excuse. En silence, elle prend place au fond de la classe.

Au courant de la même année, cette même professeure nous demande de travailler sur le thème d'un ouvrage. Une Drôle D'idée me vient quand la proposition d'un de mes camarades de classe a été acceptée. Il choisit l'ouvrage de Michel de Nostredame, dit Nostradamus, né le 14 décembre 1503 à Saint-Rémy-de-Provence et mort le 2 juillet 1570 à Salon-de-Provence. Pratiquant l'astrologie, il est surtout connu pour son ouvrage intitulé 'Les Prophéties', dans lequel certains croient lire de véritables prédictions. Nostradamus affirmait volontiers avoir appliqué toute une série de procédés divinatoires, parmi lesquels 'La fureur poétique', 'Le subtil esprit du feu de l'oracle de Delphes', 'L'eau de l'oracle de Didymes', 'L'astrologie judiciaire' qui est l'art de juger de l'avenir, d'après le mouvement des planètes. Nostradamus se disait astrophile plutôt qu'astrologue. Notre magnifique professeure a accepté 'Les prophéties de Nostradamus' avec un enthousiasme qui s'est néanmoins éteint, quand je lui ai lancé que si elle voulait des prophéties belles et bien accomplies, je proposais d'exposer les prophéties bibliques. Elle était coincée, car dire oui à Nostradamus et non à la Bible, ce n'est pas très égalitaire et pas très laïque.

A ce 2ème exposé, elle a été à l'heure en cours et félicitée pour sa ponctualité. Ensuite, j'ai donné la définition du sens général ; un prophète est quelqu'un qui interprète la volonté d'une divinité pour le présent ou pour l'avenir. Dans la Bible, les prophètes sont reconnus et leurs écrits gardés à une seule condition, la prédiction à court terme doit être avérée. Sinon, le faux prophète était mis à mort et ses écrits détruits, car il trompait le peuple. Le prophète biblique, Jérémie, a prophétisé durant cinquante ans, sans en avoir l'envie. Il se plaignait beaucoup, sans pourtant jamais faillir à sa tâche et c'est en son honneur qu'a été inventé le mot 'jérémiade', signifiant une plainte sans fin qui importune. Jérémie annonçait beaucoup de malheurs, ce qui lui a valu la haine de son peuple, mais par crainte, toutes ses prophéties ont été conservées, car elles se réalisaient. La Bible mentionne nommément plus de 133 prophètes, dont 16 femmes. Leurs prophéties se sont réalisées en leur temps et certaines se réalisent encore de nos jours.

En fin d'année et pour des raisons de sécurité incompréhensibles, toutes les sorties ont été interdites par le proviseur. Seule ma classe a eu une dérogation pour se rendre à Strasbourg et me permettre de recevoir le 1er prix d'un concours de dissertation portant sur le thème de 'L'Homme descend du singe'. Dans son programme, l'enseignement national traite la théorie de l'évolution et c'est très bien, mais qu'en est-il du créationnisme passé sous silence ? Peut-on privilégier une hypothèse et censurer celle qui ne nous convient pas ?

Dans ma rédaction, une conversation controversée s'est engagée avec le singe. Cet animal admirable est un être exceptionnel et je suis moi aussi un être merveilleux, mais lui descend parfois de son arbre et moi plus rarement. Quand on s'intéresse vraiment au sujet, on découvre la complexité de l'équilibre de la vie sur terre. Une vie impossible à reproduire en laboratoire comme le suggéraient les soi-disant savants qui ont établi cette théorie de l'évolution. Aujourd'hui, dans le monde et après de nombreuses tentatives infructueuses, plus aucune recherche n'est entreprise dans ce sens par les scientifiques. Tout simplement parce qu'ils se sont rendus compte qu'il leur est impossible de créer la vie en combinant des éléments de base.

Le rejet de l'idée que notre univers a été créé est simple : s'il y a une création, il y a un créateur. On est dans un camp ou dans l'autre et finalement, deux croyances se confrontent. Au 19ème et au début du 20ème siècle, la science et la philosophie ont été utilisées comme une alternative à Dieu. Ce n'est que fin du 20ème siècle et début du 21ème, que de nouvelles découvertes ramènent une majorité de jeunes chercheurs dans le camp des créationnistes. Toutefois, si on ne veut pas croire, on en a le droit, nous sommes libres de nos choix.

Je crois en un Dieu créateur de toutes choses et ma vie ancrée en Jésus-Christ me donne non seulement une relation privilégiée avec lui et le pardon de mes Drôles D'idées, mais surtout la liberté. Je suis libre de prendre du temps avec Dieu, quand je le souhaite et d'aider mon prochain, quand c'est nécessaire. Alors chacun fait son choix, certains pensent descendre du singe et moi je fais mes singeries.

L'année qui a suivi ma classe de 3ème, je croise au centre-ville de Thann, mon ancienne professeure Madame LEY. Me faisant signe depuis le trottoir d'en face, elle désire me parler. Je la rejoins et elle me confie que suite à mes exposés, elle lit la Bible. Cet ouvrage lui parle et, elle se questionne sur ce qu'elle doit faire à présent. Elle avait trouvé en Jésus-Christ un bonheur inexprimable, mais elle sentait devoir aller plus loin. Imaginez cette dame qui demande à un jeunot comme moi ce qu'elle doit faire, car elle commence à croire en un Dieu vivant. Nous nous rendons à mon ancien collège proche pour prendre place au Centre de Documentation et d'Information. Nous avons parlé plus d'une heure. La relation avec son mari restait compliquée. Le couple vivait une relation conflictuelle permanente. Elle ne lui avait pas encore fait part de son cheminement spirituel. Ils auraient aussi bien pu se séparer. Aussi, me disant intérieurement :

« Seigneur aide-moi ! », je l'ai encouragée à continuer à lire la Bible mais pas de façon littéraire, comme elle le fait dans son métier. En premier lieu, il est nécessaire de se réserver un temps spécial avec Dieu, de prier et d'être à son écoute. On peut tout simplement dire à Dieu : « Je lis la Bible et j'ai besoin que tu me parles. ». La seconde recommandation a porté sur la nécessité d'intégrer une église près de son domicile. Je n'ai parlé ni de confession, ni de religion, mais d'une église locale où elle se sentirait chez elle.

Je l'ai revue près de 15 ans plus tard dans un rassemblement de chrétiens. Elle m'a prise dans ses bras et emmené auprès de son mari. Non seulement, ils ne se sont pas quittés, mais lui aussi a accepté Jésus comme son sauveur et de plus, il est devenu un responsable dans son église. Il enseigne la parole de Dieu aux nouveaux convertis et donne des cours de grec à des étudiants, futurs responsables spirituels. Imaginez ma joie...

Pourquoi aller à l'église ? Quand tu as pris feu, il est nécessaire de maintenir et même d'amplifier ta foi au milieu du foyer d'une église locale. Quand tu es au milieu de frères et sœurs en Christ, tu ressens la présence de Dieu et c'est Wouah ! ***'Le Seigneur Jésus lui-même a dit : « Car là où deux ou trois sont assemblés en mon nom, je suis au milieu d'eux. »'***

(La Bible) Matthieu 18:20

Dieu n'a jamais voulu que nous vivions notre foi seul. Du fait de nos différences, il nous demande de nous compléter. Son désir est que nous formions une unité spirituelle de frères et de sœurs qui s'aiment. Aujourd'hui avec internet, on serait tenté de dire : « Mais pourquoi aller à l'église, alors que je peux grandir tranquillement chez moi, en écoutant les enseignements vidéo sur Youtube et sur des sites d'églises ? ». Oui c'est vrai, on peut se nourrir de bons enseignements à volonté et à distance, mais manger, manger, manger fait grossir. Votre croissance ne sera pas saine. Pour être en bonne forme, il faut manger, mais aussi travailler, il faut écouter, mais aussi servir. Servir Dieu en servant les autres !

Notre foi ne peut convenablement grandir, si on n'apprend pas à se soumettre et à aimer au sein de l'église. Un chrétien doit pratiquer les enseignements du Christ et devenir un serviteur, comme Jésus l'était lui-même. Il n'a jamais demandé de faire des chrétiens mais ***'Jésus s'approcha et leur dit : « Allez donc auprès des gens de tous les peuples et faites d'eux mes disciples. »'*** (La Bible) Matthieu 28:18-19

Si vous vous dites que finalement j'ai de Drôles D'idées, attendez de lire la suite de ce livre…

Aimons-nous les uns les autres

J'aime le partage, la pensée et l'expérience de l'autre. Alors, je laisse entrer chez moi ceux qui frappent à ma porte et nous parlons. Par très beau temps et forte chaleur, j'ai même ouvert à deux femmes Témoins de Jéhovah, en caleçon, pieds et torse nus. Elles n'ont pas souhaité entrer cette fois-là… Pour faire fuir des Témoins de Jéhovah, c'est simple et même si ce sont des hommes, il suffit de leur proposer de prier ensemble. Cela leur est interdit et me laisse pantois, car j'aime prier avec mes frères et sœurs catholiques, luthériens, calvinistes, pentecôtistes, mennonites, évangéliques et tous ceux qui se sont donnés à Christ.

Il y a quelques années, les musulmans ont organisé une rencontre au Parc des Expositions de Mulhouse. Un collègue de travail de cette communauté m'y a invité. Le dimanche en question, je devais l'appeler l'après-midi pour nous retrouver sur le site, mais cela n'a plus été possible pour lui. Aussi, ai-je proposé à ma famille de m'accompagner, mais personne ne l'a voulu. Etait-ce une trop Drôle

D'idée qu'un chrétien aille à une telle rencontre ? Non, car je me dois d'aimer l'autre et comment le lui dire en restant chez moi ?

Donc seul, je parcours les allées de cet immense hall, quand deux hommes viennent à moi en me parlant en arabe. « Je ne parle pas arabe » : leur dis-je et le redis-je, tant je devais ressembler à un des leurs avec mon teint hâlé. Etonnés, ils le furent davantage, quand je leur dis que j'étais chrétien et que je les aimais. Le barbu s'est retiré immédiatement. Mais avec son compagnon imberbe, le long échange a été enrichissant. J'ai parcouru leur librairie et découvert une quantité de récits impressionnants sur Muḥammad. Je dis toujours Muhammad et non Mahomet pour montrer mon respect aux musulmans. Le nom complet de ce chef religieux, politique et militaire arabe issu de la tribu de Quraych et fondateur de l'islam est Abū al-Qāsim Muḥammad ibn ʿAbd Allāh ibn ʿAbd al-Muṭṭalib ibn Hāshim.

J'ai lu deux fois le coran et environ deux mille hadîth. Dans la religion islamique, les hadîth recueillent les actes et paroles de Muhammad et de ses compagnons. Ils commentent et expliquent le Coran et donnent des règles de conduite.

Au courant de ce rassemblement, j'ai acheté un كوفية keffieh(34) palestinien, car j'aime les palestiniens, tout comme j'aime les juifs. En tant que disciple de Jésus-Christ, je me dois d'aimer mon prochain.

'Car nous n'avons pas à lutter contre des êtres humains, mais contre les puissances spirituelles mauvaises du monde céleste, les autorités, les pouvoirs et les maîtres de ce monde obscur.'

(La Bible) Éphésiens 6:12

Le voyageur

Après mon licenciement de l'entreprise de télévision par câble, le chômage a été de courte durée. J'ai choisi un nouveau domaine d'activité privilégiant la sédentarité et ma famille. Etrange de dire cela, lorsqu'on se dirige vers une entreprise de transport. Un technicien de réseau câblé, une fois que c'est câblé, il se déplace vers une nouvelle ville, une autre région, voir un pays lointain. Dans le transport public d'une agglomération, tu bouges tout en restant à proximité de tes proches. Ça n'a pas de prix que de pouvoir jouir de la présence de ses bien-aimés.

Je postule donc pour le transport public de l'agglomération près de mon domicile et suis convoqué par une société de recrutement. On me fait remplir un questionnaire qui me redemande les informations déjà présentes dans mon Curriculum Vitae. Ne comprenant pas l'utilité d'une telle démarche, j'ai failli quitter le lieu. Finalement, je réponds aux interrogations du responsable du cabinet de recrutement, du directeur des ressources humaines de ma future entreprise et du responsable de l'unité que je remplacerai 2 ans plus tard à son départ à la retraite.

J'étais venu pour intégrer l'équipe de maintenance et l'on me parle d'encadrer entre 20 et 30 agents sous contrats d'insertion et de faire des plannings. Estimant que le poste n'était pas pour moi, je termine l'entretien par un : « J'ai reconnu la voix d'Etienne en salle d'attente. Vous verrez, il a déjà encadré du personnel et fait des plannings. Il conviendra parfaitement au poste. ». Etienne, je ne l'avais pas vu arriver, mais l'ai reconnu au son de sa voix. Je connaissais son parcours, c'était un ancien collègue de travail. Il me semblait mieux correspondre au poste que moi. Mais dans la semaine suivante, on me reconvoque. Et là tu te dis : « Est-ce que cette société a une Drôle D'idée à me proposer ? ». Après 4 entretiens, je suis embauché comme adjoint au responsable de la maintenance.

Mais revenons à cette Drôle D'idée que de proposer un collègue à son employeur. Ce n'était pas la première fois que je faisais cela. Dans l'entreprise précédente, j'ai été, entre autres, responsable informatique durant 2 ans. Configurer des ordinateurs n'était pas compliqué, former au poste non plus, organiser les sauvegardes, c'était facile mais au bout de la deuxième année, l'entreprise est passée de 7 à plus de 200 personnes. Nous devions travailler en réseau et là, ce n'était plus la même histoire. J'avais encore 2 autres casquettes, chef de secteur, mon métier principal, et formateur. C'est d'ailleurs grâce à la formation que j'ai découvert que Jacky avait travaillé précédemment comme informaticien pour un réseau bancaire. Il venait régulièrement à mon secours, et je lui ai finalement parlé de passation. Il a accepté tout comme mon directeur et nous sommes restés en contact, même après mon départ de la société. Comment ne pas valoriser les compétences d'un collègue ?

En fait de valorisation, j'ai su rapidement pourquoi le choix s'est porté sur moi dans cette entreprise de transport public plus que centenaire. Quand le premier jour de travail, je découvre le bureau de l'équipe que j'intégrais, démuni d'écran, de souris et d'ordinateur, j'ai défailli. Mon responsable faisait encore taper ses comptes rendus à la machine à écrire, sur papier carbone. Ma première mission a été de moderniser tout cela.

En aparté, je me dois de vous conter cette rencontre du troisième type. Mon chef s'appelait Alexandre, il était grand. Il reçoit un commercial d'une société de communication qui lui propose un système de phonie capable de communiquer avec un PC. Je travaillais sagement dans la pièce, sans être censé intervenir dans l'échange. Au terme de 5 minutes de conversation folle, je finis par participer à la discussion. Alexandre parlait du PC, Poste de Commandement des bus, un lieu où des agents de l'entreprise reçoivent des appels radio d'agents de conduite. Le commercial exposait son appareillage capable de communiquer avec un PC, l'acronyme de Personal Computer, ce qui donne en français : Ordinateur Personnel. Au travail comme ailleurs, il n'est pas toujours facile de se comprendre.

Ma relation avec Alexandre, que j'appelais Monsieur, a été filiale ; il a été comme un père. J'ai appris énormément à ses côtés. Quand il a quitté l'entreprise pour une retraite bien méritée, j'ai projeté à l'atelier bus sur un écran géant des images filmées en caméra cachée, dans le bureau bien sûr, mais également depuis le toit de l'atelier. Chacune des lettres de son nom a été illustrée pour lui rendre hommage. Du film 'La Famille Pierrafeu', 'Les Pierrafeu' au Québec, 'The Flintstones' aux Etats Unis d'Amérique réalisé par Brian Levant, sorti en 1994, j'ai pris l'extrait des transports en commun préhistorique. Un tronc d'arbre formant le bus et des passagers propulsant l'engin de leurs petits petons velus à travers le bas de caisse. J'ai retracé les origines du métier... Et j'ai transformé l'essence de la vie de cette entreprise avec mes Drôles D'idées.

Il y a fort, fort longtemps, j'ai eu une directrice de service sans aucun humour. Il lui manquait aussi une certaine humanité. Dans le service, beaucoup de collègues nous ont quittés, malades ou déprimés. Ma supérieure a tenté de me changer. Mais juste avant son arrivée, l'entreprise m'avait payé une formation à Paris. On m'y a enseigné des astuces destinées à me faire gagner du temps. Cela m'a permis d'éduquer ma patronne. Un chef ne peut pas demander n'importe quoi à n'importe quel moment. Si un travail d'importance est en cours, il doit attendre et ne pas perturber votre organisation. A contrario, il vous épuisera.

Dans mon métier, je suis amené à solutionner des problématiques sur une quarantaine de communes, en lien bien sûr avec la circulation des lignes de transport. Il me faut contrôler des plans et projets d'aménagement neufs, mais également suivre des travaux de voirie perturbant les services de transport. Quand le niveau politique est engagé, je me dois d'associer ma direction. L'histoire que je vais conter ici entre dans ce cadre.

La directrice de mon unité décide de m'accompagner pour une réunion en Mairie. Sachant qu'elle n'avait ni la connaissance du dossier, ni les compétences techniques, j'ai tenté durant 3 semaines d'échanger sur le sujet avec elle, sans y arriver. Le jour de la réunion, je me suis dit que si elle ne venait pas me voir avant, ce serait tant pis pour elle. Arrive l'heure du repas de midi, je ferme la porte de mon bureau tout en continuant à travailler, quand le téléphone fixe sonne. C'est elle, mais je ne décroche pas. Quelques secondes plus tard, c'est au tour du téléphone portable de sonner. C'est toujours elle, je l'ignore. Enfin, elle frappe à ma porte et entre en vociférant un : « Pourquoi ne décrochez-vous pas le téléphone ? ». Mon regard se porte sur la montre et elle comprend que je suis en pause.

Pour son malheur, l'histoire continue. A bord de ma voiture de service, je pars, seul, contrôler 2 chantiers avant de me rendre en Mairie. Evidemment, il m'a fallu intervenir d'urgence auprès des maîtres d'œuvre et solutionner les erreurs en cours. J'arrive enfin à la réunion en mairie, en retard d'une vingtaine de minutes. Après avoir formulé un petit : « Je m'excuse ! » et tout en marchant vers ma chaise, je lance un : « Nous allons recentrer notre débat sur la problématique à résoudre. ». Eh oui, étant incapable de traiter le sujet, elle meublait la discussion. Le technicien de la commune me lance gentiment un : « Waouh… tu es en forme aujourd'hui… ». La directrice enchaîne avec un : « Oh wouiii!!! ». A partir de ce jour-là, elle a presque toujours préparé ses réunions à l'avance.

Dans les jours qui suivirent, le directeur général est venu me dire qu'il a rencontré le directeur des services techniques d'une commune de l'agglomération qui lui a confié que j'étais pénible, mais que s'il avait besoin de régler rapidement une affaire compliquée, il pouvait toujours compter sur moi. Certes, mes Drôles D'idées peuvent déranger, mais parfois, elles rendent le sourire.

Lors du passage aux 35 heures, tout le service s'est réuni pour organiser le changement et je me suis tu. Cela a fait réagir le directeur de l'époque qui attendait mon avis. Je lui dis : « Joker ! ». Quand mes collègues étaient enthousiastes à l'idée de travailler moins, il me venait de Drôles D'idées. Le directeur a insisté fortement pour que je donne mon avis. Dans notre service, chaque agent est spécialisé. En diminuant un peu le temps de travail, est-ce que la société allait embaucher un agent pour faire 4 heures d'un métier, 4 heures d'un autre et 4 heures du mien ? …NON !

Mais bien sûr, au vu de la loi, nous devions passer aux 35 heures. Alors, le directeur nous a prié de l'aider à organiser notre temps de travail. L'ensemble du personnel a réclamé des RTT, cette Réduction du Temps de Travail et dispositif prévoyant d'attribuer des journées ou des demi-journées de repos aux salariés réalisant plus de 35 heures par semaine. Les RTT me semblaient dangereuses pour la gestion des équipes. Aussi, je les ai refusées, car si on veut que je fasse 35 heures, je m'organise pour bosser 35 heures. De plus, comme j'œuvrais habituellement entre 50 et 60 heures par semaine, par boutade, j'ai proposé de travailler 4 jours semaine pour ne plus faire qu'une quarantaine d'heures au maximum. L'entreprise serait gagnante et c'est ainsi que parmi 550 employés, je suis le seul à travailler à taux plein sur 4 jours par semaine. Avec du recul, un grand nombre de collègues envie cette Drôle D'idée.

Ok, revenons à cette directrice sans humour. Nous sommes un 1er avril, mais malheureusement je suis de repos, quand Jean-Claude, mon adjoint découvre la porte de notre bureau, flanquée d'une bande de scellé. Il entre et découvre une scène de crime. Il n'y a pas de sang, juste des bandes police protégeant le marquage au sol d'un corps. Une petite pancarte se trouve là avec ces mots : « Jean-Claude, merci de bien vouloir faire une quête pour ma veuve. ». Tous les collègues de l'étage, s'étant passé le mot, regardaient par l'encadrement de la porte, quand la directrice arrive. Elle a sommé mon adjoint d'enlever les traces de l'homicide, sans laisser paraître aucun chagrin. Quand, je vous disais qu'elle manquait d'humanité...

Avant de vous raconter la péripétie suivante, nous allons revenir 2 ans avant les faits. Je suis en désaccord avec ma directrice. Je cherchais à protéger mes équipiers d'une de ses injustices. Pour me faire payer ma prise de position, elle se braque contre moi. Lors de l'entretien annuel, cette année-là et pour la seule fois de ma carrière, je n'ai pas eu toute ma prime d'objectif. Elle en a retiré 10% au prétexte que je n'avais pas répondu au critère de la participation à une campagne de communication. Je l'avais faite personnellement, cette foutue campagne, mais malgré la présentation de la preuve, la sanction est restée effective et j'ai signifié à 'cette méchante' que jamais plus, je ne participerai à de telles opérations qui, pour ne rien vous cacher, ne sont pas dans mes attributions.

Le flashback est terminé, nous sommes 2 ans plus tard. La directrice décide de promouvoir un collègue en le catapultant mon supérieur hiérarchique. En fait, il a été promu chef, parce qu'il a de l'humour ; il me comprend mieux ; il servira d'interprète et de diplomate. Ce jour-là, il vient, penaud, me dire que le comité directeur a décidé que je serai formé à cette mission que j'avais dit ne plus jamais vouloir faire. Ma réponse a été sèche, négative. Il s'en retourne et revient 1 heure plus tard pour parler du même sujet. Ma réaction reste sèche, négative. Il revient une troisième fois, un peu avant midi et je lui dis connaître mes droits et mes devoirs. Je suis obligé de suivre une formation à la demande de mon employeur, mais nullement de réaliser un travail qui n'est pas dans mes attributions.

La température extérieure dépassait les 40°, j'avais faim, je revenais d'une opération des cloisons nasales ; énervé, je monte sur ma moto et sors du parking. Devant l'entrée principale de l'entreprise, je vois ma directrice parlant à d'autres cadres. Mon état d'énervement s'amplifie et, plus de souvenir ! Je me retrouve dans le noir complet. A un moment, j'entends une voix me dire : « Monsieur, vous avez mal ? Serrez ma main ! Ouvrez les yeux ! ». Je me dis que c'est génial, je rêve ! Habituellement au réveil, je n'ai presque jamais de souvenir de mes rêves et là, j'entends une voix, c'est cool...

Au pompier qui me parle, je ne réponds pas. Quand ma Directrice m'adresse la parole, je me dis : « Waouh… Il y a plusieurs personnages dans mon rêve. » et je ne sais pourquoi, je demande quel jour on est. Le pompier continue avec ses : « Monsieur, vous avez mal ? Serrez ma main ! Ouvrez les yeux ! ». Je redemande quel jour on est. Quand le pompier me dit : « vendredi », je réalise que j'ai fait un accident de moto. Je suis aveugle, quand les secours me transportent aux URGENCES. Coqué de la tête aux pieds, il m'est impossible de bouger, mais je suis en paix. Je prie, mais nullement pour demander. Je glorifie Dieu pour la vie qu'il m'a donnée et pour ce qu'il a prévu pour moi. Je lui dis que, même paralysé, je serai heureux avec lui. La vision revient tout doucement et je demande à une infirmière où est mon téléphone professionnel. Elle me montre le chariot sur lequel ont été placés mes effets personnels, mais m'encourage à ne pas bouger. Mon épouse arrive. J'allais passer au scanner pour apprendre que côté droit, ma clavicule était en 5 morceaux et que 8 côtes étaient brisées. Devant mon insistance, ma chère et tendre compose le numéro de téléphone de mon supérieur. Difficile de parler avec un pneumothorax, mais il fallait que je lui dise que je n'allais pas pouvoir être présent la semaine suivante pour la formation... Il est désolé et je lui confie ne pas lui en vouloir. En fait, j'étais seul fautif de m'être énervé pour finalement une chose que j'avais de toute façon résolu ne plus jamais faire et effectivement, on ne m'a plus jamais demandé de la faire.

Au travail, chaque 1er avril est festif. Lors d'une réunion de chantier, j'ai collé dans le dos de tous les ouvriers, chefs, collègues et élus des petits panneaux triangulaires au liseré rouge affichant un poisson d'avril. Les photos prises ce jour-là ont fini dans le journal communal.

Tôt dans la journée, en parcourant mes mails, un arrêté de police me renseigne de la prolongation d'une piste cyclable. Les expérimentations en cours généraient des dysfonctionnements dans les services de notre société et j'ai eu la Drôle D'idée de mettre en copie l'ensemble des directeurs avec un petit texte indiquant que les difficultés allaient s'amplifier et qu'il fallait peut-être envisager de diversifier notre offre de transport. J'illustrais le texte de la photo d'un pousse-pousse dans lequel on voyait une quinzaine d'enfants souriants. Dans les secondes qui ont suivi, le directeur d'exploitation m'a appelé. Il désirait avoir des précisions avant d'intervenir auprès des politiques de la ville. Après un long échange, je lui ai fait remarquer la date du jour. Nous étions là encore un 1er avril.

En ce même jour, des pièces automobiles que j'avais glanées ici et là ont fini devant un véhicule de service garé, comme à son habitude, au droit de l'entrée administrative. Un mélange d'eau et de sirop de grenadine suggérait une fuite de liquide de refroidissement. Afin d'éviter qu'un collègue ne parte avec ledit véhicule, des panneaux marquant la panne couvraient l'engin. Enfin, dans un mail illustré d'une belle photo, je signale au chef d'atelier l'état de la voiture. Dans les secondes qui ont suivi, il m'a appelé pour des explications. N'étant pas mécanicien, je l'ai invité à me rejoindre devant l'engin. Là, il a pesté, car son équipe venait de faire la révision du véhicule. Il allait tirer les oreilles de ses mécanos au vu de l'état des filtres et du liquide s'écoulant sur le sol. Je n'ai pu m'empêcher, là encore, de lui rappeler la date du jour...

Bien évidement mes frasques ne se cantonnent pas uniquement au 1er avril de l'année et, mon chef fume non pas le calumet de la paix, mais des cigarettes. Cela ne m'a pas empêché de lui piéger son paquet. J'ai remplacé toutes ses cigarettes par des sauterelles vivantes. Dans le couloir, en route pour la zone fumeur, il cherche à se saisir d'une clope et hurle mon prénom. Je me demande encore aujourd'hui, comment il a su que c'était moi le coupable... Pour me racheter, je lui ai installé des fils à linge dans son bureau. Le dispositif était fixé au mur et les câbles enfilés dans ses vêtements n'ont pas empêché notre réunion de service.

Rappelez-vous cette directrice avec peu d'humanité. Elle a cru pouvoir changer un accord d'entreprise, sans le dénoncer officiellement, sans respecter la loi. Depuis plus de 40 ans, le personnel administratif termine à midi les veilles de fêtes de fin d'année, et elle décide de changer la règle pour son service. Tous ses subalternes travailleraient dorénavant la journée entière. Elle commence par imposer sa décision au personnel travaillant en contact avec la clientèle, puis les années suivantes, unité par unité, elle fait céder tout le service. Tout le service ? NON... à l'image d'Astérix le Gaulois, bande dessinée française créée le 29 octobre 1959, par le scénariste français René Goscinny et le dessinateur français Albert Uderzo, je résiste inéluctablement. Une année, elle croit trouver la faille en demandant à un de mes agents sous contrat intérimaire d'être là. Elle a eu la surprise de me trouver remplaçant l'agent sous contrat précaire. J'étais là, habillé d'un smoking, nœud papillon noir sur une chemise d'un blanc éclatant, boule à facettes et musique disco dans le bureau.

Mon service n'est constitué quasiment que de collègues féminines qui pensent que je suis un macho. Mais qu'est-ce qu'un macho ? En espagnol, ce mot veut dire mâle. Si c'est ainsi qu'elles me voient, j'accepte le terme. L'autre définition est un homme qui prétend faire sentir aux femmes sa supériorité de mâle. Alors, il peut y avoir débat. Suis-je supérieur, grâce à mes Drôles D'idées ? NON bien sûr, mais il suffit que je me retrouve au milieu de filles et j'ai peur. Vont-elles me manipuler, tout comme Eve le fit dans le jardin d'Eden ? Je crains que ce récit biblique ne se renouvelle. En Genèse 3:6 (La Bible), l'histoire d'amour se mue en trahison, voire en tragédie. J'avoue que c'est à cause de ce récit que je garde à distance non toutes les femmes, mais celles qui me paraissent dangereuses.

La directrice me croise dans le couloir. Elle m'annonce l'arrivée d'une nouvelle collègue, qu'elle a choisie très belle pour moi. Wouaw ! Je lui dis qu'elle ne me connaît pas car, plus les filles sont belles, plus je suis dure avec elles. A ce moment-là, elle me dit : « Ah, je comprends mieux votre attitude à mon arrivée ! » et je réponds : « Non, avec vous, j'ai été sympa... ».

Une dernière petite anecdote, mais je vous assure qu'il y en a eu bien d'autres et qu'il y en aura encore pour le TOME 2. Avoir une majorité de femmes autour de soi, c'est particulier. Elles cherchent à se démarquer par leurs coiffures, leurs chaussures et leurs vêtements. Valentina porte un chemisier qui a une seule bretelle sur le côté. C'est étrange et dérangeant, surtout pour mon ouvrier musulman. Lui qui, à la moindre publicité montrant un bout de peau féminine, détourne les yeux. Quand il conduit, j'ai peur de la sortie de route.

Ne perdez pas le fil ! Valentina porte un chemisier qui a une seule bretelle sur le côté. Ce jour-là, la fille de mon chef, alors en d'job d'été, est dans le couloir. Bébé, je l'ai portée dans mes bras. A présent, elle est devenue une grande fille habillée de noir, bottes à clous, piercings et 'blutkopf'. Pardon, c'est vrai que vous ne comprenez peut-être pas l'alsacien. Avoir un 'blutkopf', c'est être chauve et je lui demande où est son géniteur. Il fume devant l'entrée de l'entreprise.

Valentina sort rejoindre ce dernier et je prie la fille cloutée de m'attendre devant mon bureau. Je retire tous mes vêtements pour enfiler une tenue d'homme de cro-magnon avec tout comme ma collègue qu'une seule bretelle sur le côté. Torse et pieds nus, en plus de la peau de bête, je porte une perruque aux cheveux crépus et un os autour du cou. Prenant par la main la skinhead, nous sortons voir le membre de sa famille, mon supérieur hiérarchique. Fagoté comme à l'âge de pierre, je m'exclame : « Chef, comment peux-tu autoriser ta fille à s'habiller comme ça ? ».

Que dire du travail ? Jamais au grand jamais,
je n'ai pas eu envie d'y… avoir de Drôles D'idées.

Auto-Moto et Motobylette

En 1983, on m'a formé à la bonne conduite... automobile. Quand ma monitrice d'auto-école est venue me chercher pour ma première leçon, elle m'a cédé le volant de sa rutilante Golf GTI. Mais quelle Drôle D'idée ! Son premier conseil a été de bien accélérer pour ne pas caler et le véhicule n'a pas calé. La fumée des pneus s'est élevée jusqu'au niveau des rétroviseurs. J'avais déjà conduit des tracteurs chez mon ami Reinald ; c'est un peu pareil, mais en plus véloce.

De Drôles D'idées sur la route, ce n'est pas vraiment recommandé. Ne reproduisez surtout jamais les actions décrites dans cet ouvrage.

Pour m'entraîner, mon ami agriculteur me laissait conduire sa Peugeot 404. Comme je n'avais pas encore le permis, il me refrénait dès que je dépassais les 130 km/h. Sa sœur Inès était des nôtres, quand nous nous sommes rendus à la déchetterie du village. Une fois les gravats déchargés, Reinald repère une grande tôle qu'il récupère et place sur sa remorque. En guise de lest, Inès est assise sur la précieuse marchandise et nous reprenons le chemin de terre dans l'autre sens. Reinald est au volant, quand je sors par la fenêtre passager. J'enlève mon anorak pour le placer sur le pare-brise du véhicule. Le conducteur sort le bras pour dégager le champ de vision, mais je tiens bon et ce n'est qu'à l'approche du virage que je retire le vêtement. Je m'agrippe aux barres de toit du véhicule.

Pour un pilote de chasse, les 'G' positifs correspondent à une accélération amenant le sang vers les pieds. Les 'G' négatifs eux, amènent le sang vers la tête. Ces distinctions entre 'G' positifs et 'G' négatifs s'opèrent en fonction des manœuvres réalisées pendant le vol en avion de chasse. Cette unité d'accélération correspond approximativement à l'accélération de la pesanteur à la surface de la terre. Je ne sais combien de 'G' nous avons encaissés, mais heureusement qu'il avait mis sa sœur sur la tôle, car la remorque a passé le virage sur une seule roue.

Si je n'ai pas eu mon permis de conduire au 1er examen, c'est la faute de ma monitrice. Juste avant l'épreuve, elle m'avait recommandé de rouler avec assurance. Certes, la conduite était vive et les freinages appuyés. L'inspecteur a bien été retenu par sa ceinture de sécurité à un carrefour à feux, mais je n'imaginais pas la sanction. Il m'a demandé de me mettre à droite, j'ai cru qu'il voulait que j'engage la voiture dans la ruelle de droite, mais NON. C'était déjà fini ! Il voulait que le véhicule s'arrête sur la zone qui avait servi de départ. J'ai enclenché la marche arrière pour parcourir en un temps record une centaine de mètres et garer parfaitement le véhicule. Lors du deuxième passage à l'examen, la conduite a été de velours, afin de gagner la confiance du même inspecteur. Il n'est donc pas nécessaire d'avoir trop d'assurance pour avoir son permis de conduire.

Ensuite, la 2CV Citroën du père m'a permis de conduire comme Juan Manuel Fangio. Ce pilote automobile argentin a été 5 fois champion du monde de Formule 1 dans les années 1950. A ce jour, c'est le seul pilote à avoir été sacré champion du monde dans 4 écuries différentes. Grâce à ses exploits et au nombre de victoires par Grand Prix disputé, nombreux sont ceux qui le considèrent comme le plus grand pilote de l'histoire.

Quand tu es jeune, tu te crois invincible et c'est une Drôle D'idée. Nous sommes mortels et à présent, j'en suis conscient et je remercie Dieu d'avoir mis autour de moi des anges pour me protéger et surtout protéger les autres...

Avec la 2CV du père, je dépassais des véhicules bien plus puissants, pas en ligne droite bien sûr, mais dans les ronds-points et des courbes prononcées. Ma belle-mère m'a dit un jour : « Tu étais sur 2 roues ! » et sa fille était à bord… Cette Citroën est non-renversable ! Par mauvais temps, elle tient le bitume. Cependant, le demi-tour au frein à main n'est réalisable qu'en marche arrière. A chaque fois que je quittais le domicile de ma promise, j'exécutais cette manœuvre dans la cité minière de sa famille. La largeur de la chaussée était étroite, mais les gravillons au sol facilitaient mes cascades.

Avec 20 à 30 cm de neige, chaussé de pneus cloutés, le véhicule était lancé à plus de 100 km/h sur la voie de gauche des voies rapides. Pas le temps d'avoir peur en montagne, quand en plein virage en épingle à cheveux, la 2CV fait deux tête-à-queue, avant de poursuivre sa course, comme si de rien n'était.

Les chauffeurs routiers sont en grève, quand on me prie de chercher ma grand-mère dans le village voisin. Il m'a fallu 1 heure pour parcourir 4 kilomètres. Aussi pour le retour, je décide de passer par un col enneigé et fermé. Pauvre grand-mère, elle criait malgré mon assurance à toute épreuve. Arrivé au sommet de cette montagne, j'ai dû me résigner. La pente était trop forte et les abords de la route totalement invisibles sous la couverture neigeuse. Par prudence, nous avons fait demi-tour, mais la descente sur la glace a été mémorable. Les pneus à clous ont joué leur rôle, mais n'emmenez jamais votre grand-mère cardiaque sur de telles routes !

Eh bien OUI, j'ai fini par accidenter la deudeuche. Après avoir joué de la musique avec mon père toute la nuit, Reinald me propose de cueillir des myrtilles sauvages. Elle m'a coûté cher cette cueillette ! Ma douce fiancée n'a pas réussi à me garder éveillé… Dans un bouchon, je heurte à faible allure la voiture qui me précède. Il ne faut pas beaucoup de vitesse pour plier un châssis de 2CV ! Et l'assureur décréta l'engin irréparable ! Pauvre Reinald, il s'en veut et me propose de la réparer. Dans sa grange, et entourés des animaux de la basse-cour, nous l'avons remise sur roues. Le châssis de remplacement est renforcé à l'emplacement même de la pliure de l'ancien. Pourquoi cette pièce n'était-elle pas renforcée d'origine ? Les suspensions remontées à l'envers ont donné une stature plus élancée à l'engin et la peinture réalisée à proximité de l'étable était parsemée de mouches. Une fois la 2CV sèche, munis de pinces à épiler, nous avons retiré le corps des insectes et laissé leurs pattes. Nous venions de transformer une 2 pattes en 1 000 pattes.

Un deux-roues motorisé, j'en ai rêvé tout petit, mais les moyens manquaient. Mon premier vélo, je l'ai acheté avec 10 francs de mon argent de poche à un petit vieux du quartier. Après avoir dépouillé ce cycle de ses gardes-boues, du porte-paquet et des freins, il a été repeint façon camouflage de l'armée française. Je vous disais avoir enlevé les freins, mais ce n'était que la poignée du frein avant. Le système fixé sur la base soutenant l'axe de la roue arrière restait équipé d'un frein allemand à rétropédalage. L'inconvénient du frein à rétropédalage est son incompatibilité avec un dérailleur et il faut anticiper la position des pédales pour s'arrêter. De plus, j'avais fixé des colliers à tube de plombier le long des fourches avant et des haubans arrière. Ils étaient indispensables au montage des pointes, façon bracelet à clous. Pour la lumière, tout était doublé, 2 phares avant et 2 feux arrière. Ce vélo était magnifique à mes yeux, mais mon papa l'a jeté, quand je me suis marié. Pour lui c'était une Drôle D'idée.

Les premiers tours de roue avec une mobylette ont été réalisés avec la ***'Peugeot 103'*** :

Moteur	*monocylindre 2 temps*
Cylindrée	*49 cm3*
Puissance maximale	*2,8 kw à 5500 tr/min*
Vitesse maximale	*45 km/h (si pas traficoté…)*
Poids à sec	*39 kg*
Réservoir	*3,7 L*

Cette mob, lancée en France en 1971 et arrêté en 2017, appartenait à une élève de mon papa. Elle venait chanter à la maison chaque dimanche. Sans son autorisation, je faisais bourdonner le moteur de l'engin, jusqu'à la réserve du carburant. Après cela, la chanteuse rentrait chez elle en pédalant…

Avoir une moto était mon rêve, mais l'achat d'instruments de musique a de tous temps été prioritaire pour moi. Une fois marié, 3 fois papa, mon épouse ne travaillant plus, nous n'avions qu'une voiture et un budget limité. Les enfants grandissant, Sylvie s'apprête à retravailler et elle me parle du besoin d'un deuxième véhicule. Certes, il le fallait, mais avec quel argent ? Mon amour a économisé jusqu'à ce jour où elle me dit : « J'ai mis des sous de côté, pour que tu puisses t'acheter ta 125. N'hésite plus, achète ta moto ! ».

Ma chère et tendre a-t-elle eu une Drôles D'idée ? Qui a une femme qui pousse son homme à être lui-même ?

'L'amour est patient et bon, il n'est pas envieux, ne se vante pas et n'est pas prétentieux ; l'amour ne fait rien de honteux, n'est pas égoïste, ne s'irrite pas et n'éprouve pas de rancune ; l'amour ne se réjouit pas du mal, il se réjouit de la vérité. En toute circonstance il fait face, il garde la foi, il espère, il persévère.' (La Bible) 1 Corinthiens 13:4 -7

Heureusement, j'ai un peu mûri et suis sorti des statistiques de mortalité des motards. Les accidents mortels en moto surviennent principalement chez les 18 - 34 ans. En décembre 2006, j'ai 41 ans quand j'achète une motocyclette tout-terrain, un Trail, la ***'Yamaha XT125R'*** :

Moteur	*monocylindre 4-temps*
Cylindrée	*124 cm3*
Puissance maximale	*12,5 ch à 8500 tr/min*
Vitesse maximale	*100 km/h*
Poids à sec	*110 kg*
Réservoir	*10 L*

En cette fin d'après-midi, le vendeur me demande, si j'ai pris des cours de conduite. Bien sûr que NON et sur le visage de ce brave homme se lit de l'inquiètude. Après qu'il m'ait montré le fonctionnement du passage des vitesses, je m'élance dans la dense circulation mulhousienne. Je ne sais plus combien de fois j'ai calé à des croisements avant de mener mon Trail dans un chemin de terre, de nuit. Je commençais mon apprentissage.

Tu progresses et maîtrises au fur et à mesure de tes erreurs et surtout, de tes chutes. La première chute arrive vite. Quinze jours après l'achat de cette 1ère moto, de bon matin, la route est blanche. Cela me pousse à expérimenter le freinage sur glace dans une rue bien dégagée et sans circulation. A 30 km/h, la roue avant se dérobe. La moto était neuve. Aussi, quand elle se couche, je me place bien sous la machine pour minimiser les dégâts. Encore une chose à ne jamais faire. Quand ta moto tombe, il faut t'éloigner de ta machine, car tu risques la brûlure, la fracture, etc... Ce jour-là, j'ai appris que la roue avant ne doit jamais perdre l'adhérence de la route. Si elle se bloque, tu dois arrêter le freinage en une fraction de seconde ou avoir une machine disposant d'un ABS.

Le système ABS, abrégé du terme allemand 'Antiblockiersystem', a été inventé par Bosch en 1978. C'est un organe de sécurité actif qui sert d'antiblocage des roues du véhicule grâce à plusieurs capteurs, d'un calculateur et d'une centrale hydraulique intervenant sur la pression du liquide de frein. Lorsque le motard freine, le calculateur enregistre la vitesse des deux roues. Au cas où une roue s'arrêterait de tourner, la centrale relâche aussitôt la pression. La roue se remettra ainsi en rotation pour retrouver toute l'adhérence disponible mais je ne l'avais pas...

La deuxième chute a été réalisée sous les yeux de ma fille. Je la récupère à son cours de judo, je descends de ma monture, mon pied reste accroché au filet qui attachait le casque lui étant destiné. Difficile de se relever avec le poids du véhicule sur soi. Clara est venue au secours de son papa.

La troisième chute a eu lieu dans un chemin de terre bien boueux. Est-ce de la faute de mon fils ? Xavier était le passager d'un papa qui rêvait de Paris Dakar. Dans tous les cas, il fut dissuadé de devenir motard en raison de la dangerosité de la pratique. La méthode est bonne. Tu lui permets d'expérimenter le mauvais côté des choses et ton enfant s'écarte du danger.

En aparté, pour ses 18 ans et à sa demande, je lui offre son premier cigare. Au lieu de lui tendre un cubain imposant mais doux en bouche, j'ai coupé en 2 un 'Tocano Vecchio' italien. Très loin des senteurs cubaines ou dominicaines, ce petit cigare dégage des effluves proches d'un organisme momifié destiné à repousser les plus intrépides activistes non-fumeurs. Pour la dégustation, je savais que le fumer en intégralité était trop dangereux pour une première fois. Coupé en son centre en n'omettant pas de l'humidifier avec la langue, vous ressentez déjà une sensation piquante. Ensuite vient l'allumage et les premières bouffées, on s'attend au pire, mais étonnamment le goût en bouche est meilleur que les senteurs. Nous sommes face à un cigare âcre et puissant qui monte rapidement à la tête. Cette relique fumée déjà par mon arrière-grand-père Grégorio est très lourde en alcaloïde de tabac. A forte dose, cette principale substance responsable de l'addiction est insupportable pour un jeune non-fumeur. Après 3 bouffées, Xavier est dégoûté pour toujours de ce produit, lui aussi, dangereux.

Ne perdez pas le fil ! Revenons à la motocyclette. Connaissez-vous la différence entre une motobylette et une motocyclette ? Avec les 2, toutes les chutes sont possibles, mais pas avec la même intensité. La première étant de faible cylindrée, avec mon épouse, nous nous sommes retrouvés bloqués lors du dépassement d'un poids-lourd. Le vent s'étant levé, arrivée à hauteur de la cabine du camion, la 125 plus proche d'une mobylette que d'une moto n'arrivait pas à terminer la manœuvre. Plusieurs voitures me suivaient et je bloquais tout le monde. Cette mésaventure m'a amené à passer le permis moto.

Qu'est-ce que j'étais doué ! Après 1 heure de conduite, les épreuves du lent étaient acquises. A la deuxième séance, le rapide était parfait. Sur la route, en montagne, j'entendais le moniteur dire dans la radio : « Regardez les trajectoires de Pascal ! Elles sont parfaites ! ». Ce permis a été réussi du 1er coup, mais attendez la suite. Une fois le permis en poche, je vais réaliser toutes les bêtises possibles, toutes les chutes imaginables.

L'humilité est la clef de la survie. En fait le mot humilité, dérive du latin *'humilitas'*, dont la racine est *'humus'*, qui signifie terre. De ce terme latin découlent également les mots 'homme' et 'humanité'. Je me rappelle que dans (la Bible) Genèse 2:7 ***'Dieu prit de la poussière du sol et en façonna l'homme...'*** donc, Dieu nous a destiné à être humble. Dans (la Bible) Genèse 1:27 ***'Dieu créa l'homme à son image...'*** et, Dieu est humble. Etre humble, c'est montrer un grand respect aux autres. Etre humble, ce n'est pas montrer sa supériorité, c'est s'abaisser volontairement. Dieu a montré à travers son fils Jésus qu'il est humble et qu'il a de l'humanité. La véritable humilité produit la piété, le contentement et la sécurité… ***'Dieu résiste aux orgueilleux, mais il fait grâce aux humbles.'*** (La Bible) 1 Pierre 5 :5

Ne perdez pas le fil ! Revenons à mon manque d'humilité... De la motobylette faisant 125 cm^3, je suis directement passé à une imposante motocyclette de 1 150 cm^3, la ***'BMW R1150GS'*** :

Moteur	*bicylindre 4-temps*
Cylindrée	*1130 cm3*
Puissance maximale	*85 ch à 6800 tr/min*
Vitesse maximale	*195 km/h*
Poids à sec	*228 kg*
Réservoir	*22 L*

Elle a fini en épave après tout juste 3 mois. Parti avec un club de motards chrétiens, j'ai manqué d'humilité. Ça ne pardonne pas ! Nous étions une trentaine et avec mon peu d'expérience, je caracolais en tête, derrière les 2 motards responsables du groupe. J'étais galvanisé par l'effet de groupe et ma belle BMW était si facile à mener. En milieu d'après-midi, sous la canopée d'une forêt de montagne, la chaussée semble glissante. Un virage en épingle à cheveux n'est pas loin. Il faut ralentir le monstre. Les freins sont mordants et la moto part en crabe. Je la contrôle, la récupère et vois arriver une courbe impressionnante. Les 2 premières motos prennent de l'angle, beaucoup d'angle. Dans ma tête, je me dis qu'il faut faire de même et bien coucher la bête pour passer la courbe. Je suis prêt.

Mon épouse a eu la Drôle D'idée de faire partie de la course, mais là, elle réalise le danger et crie dans notre intercom. Ce dispositif est un élément pratique. Habituellement, il permet de se parler, mais là Sylvie crie et j'étais concentré sur ce virage dangereux. Pas rassuré, pas humble, effrayé, je freine fort, le monstre glisse de l'arrière et quand je relâche les freins... J'ai appris que quand la roue arrière glisse au freinage, quand elle se bloque, il faut impérativement garder la roue bloquée, tant que tu es dans le virage. A défaut, il se produit un effet catapulte pour le pilote et la passagère. Quant à la moto, elle part en tonneaux. En voyant mon épouse passer par-dessus mon épaule, j'ai dit « MER... ». Elle m'a confié par la suite que cela l'avait rassurée, car elle savait que j'étais encore vivant, pas humble, mais vivant. Une fois le roulé-boulé terminé, sans un regard pour la moto, je n'ai pensé qu'à Sylvie, la relever et lui faire quitter le bitume. La dorsale renforcée qu'elle portait en plus d'un équipement de protection des plus complets a rempli son office. En revanche, les crash bar moto n'ont pas sauvé la machine. Quant au pilote, après 3 heures d'attente aux URGENCES, sa cuisse droite commence à enfler. Un hématome atomique l'oblige à méditer durant 7 semaines d'arrêt de travail, sur l'humilité...

Après une telle gamelle, tu cogites. Un Trail, c'est haut pour un petit bonhomme d'1,74 mètre. Aurais-je dû choisir une moto moins haute, moins puissante ? Faut-il arrêter tout simplement ? J'ai chuté et psychologiquement, c'est traumatisant ! Mais il faut se relever. Après les semaines de repos, direction la concession moto et je commence par essayer un petit roadster compact et pas haut. Bien évidemment, je teste le freinage d'urgence et la bécane part dans tous les sens ! Pas très rassurant. Ensuite et sur cette même machine, mon épouse monte en passagère. Elle est exceptionnelle, courageuse, une éternelle amoureuse. La moto est vive, mais le confort est approximatif. Des motards de la police nationale me doublent et sortent de la voie rapide. Je les poursuis. Ils s'arrêtent sur un giratoire et, pensant mettre le clignotant, j'active l'avertisseur sonore… J'enchaîne avec un petit signe de la main. Il faut toujours saluer les autres motards, c'est tribal.

Que dois-je faire ? La petite moto n'est finalement pas dans mes gènes. Le Trail est une moto haute, stable et elle peut tout faire, de la route et du chemin de terre. Ce type de moto peut être équipé de protections très complètes et elle en aura bien besoin... Elle ne fait rien parfaitement, mais laisse une chance en cas d'erreurs de pilotage et je m'en retourne à la concession pour essayer cette fois le même modèle que mon ancienne Yamaha XT125R qui existait aussi doté d'un moteur de 660 cm^3 la ***'Yamaha XT660R'*** :

Moteur	*monocylindre 4-temps*
Cylindrée	*659 cm3*
Puissance maximale	*48 ch à 6000 tr/min*
Vitesse maximale	*166 km/h*
Poids à sec	*169 kg*
Réservoir	*15 L*

Quand la plupart des motos ont un moteur de 600 cm^3 et 4 cylindres, la XT660R a 1 seul cylindre pour 660 cm^3. Les connaisseurs disent que cette machine est haute et brutale. A l'accélération, tu sens comme un coup de pied au cul. Bien évidemment, je teste le freinage d'urgence et la bécane reste dans l'axe, c'est très bien.

Au cours de cet essai, l'appel de la nature se fait entendre. Il me faut trouver un chemin de terre à proximité de la concession. Pas simple et je m'engage sur une voie inconnue. Je suis heureux, jusqu'au moment où le chemin se rétrécit devant une étendue de boue. La moto était neuve et rutilante, quand on me l'a confiée. A présent, elle est maculée de terre jusqu'au-dessus de la selle. Je me presse alors de rejoindre le domicile de mon beau-père tout proche, mais le retraité s'est absenté pour acheter un nouveau joint pour son tuyau d'arrosage. Je ne peux pas laver le véhicule.

En retard, la moto est ramenée à la concession à midi et 10 minutes. Le patron, les vendeurs et tous les mécanos sont en ligne devant le garage. Ils étaient au courant de mes chutes et innombrables galipettes en moto, des tonneaux réalisés avec mon premier gros cube. Ils m'attendaient avec crainte. Je m'approche d'eux, pas fier. La tête basse, je m'excuse. Le vendeur me rejoint, heureux de revoir sa machine en un seul morceau, sale mais en un seul morceau. Il me fallait cette XT660R. La hauteur et la brutalité de l'engin ne me faisaient plus peur et tout comme mon épouse, elle aime les bains de boue. Trop chère neuve, je l'ai achetée d'occasion à un jeune gendarme mobile. Prudent et suspicieux, j'ai mené une véritable enquête avant de concrétiser l'achat. Sa caserne a été contactée pour vérifier ses dires et surtout m'assurer de sa probité. Le jour de l'achat du véhicule, j'ai fait un contrôle de papiers de gendarme dans les règles.

Un Trail est une machine de franchissement. Les sorties en montagne et forêt s'enchaînent. Au détriment du bitume, la terre se transforme en passion. Je préfère le chemin de terre aux routes asphaltées. La moto est préparée de sorte à faire le moins de bruit possible et équipée de bonnes protections. Respectueux des piétons et des cavaliers, les sorties moto ne sont jamais entreprises les weekends. Quand un humain est croisé, le moteur est à son plus bas régime, le casque modulable est ouvert pour permettre une respectueuse salutation. Quand un cavalier s'approche, le moteur est coupé. La brigade verte est une police au service de l'environnement. Je l'ai rencontrée, afin de trouver des chemins de terre autorisés aux véhicules à moteur.

J'aime faire de la moto dans une nature qu'il me faut respecter. ***'Soyez comblés de bienfaits par le Seigneur, lui qui a créé le ciel et la terre ! Le ciel appartient au Seigneur, à lui seul, mais la terre, il l'a remise aux humains.'*** (La Bible) Psaumes 115:15-16

Plus tu roules, plus tu maîtrises. J'ai rêvé de passer un cours d'eau à gué, mais quand tu roules seul, il faut limiter les risques. Cette Drôle D'idée a dû attendre quelques années et est encore aujourd'hui mon plus beau souvenir à moto. Mon frère fête ses 30 ans, habite la Suisse et toute la famille lui fait la surprise de camper dans son logis. Dans ma région, si tu regardes la météo, tu ne sors plus et puis Drôle D'idée, j'aime véritablement le mauvais temps, la tempête, la nature qui bouge !

Au retour de ce weekend, le soleil devait laisser place à de fortes pluies. Bien équipé, je m'apprêtais à combattre les éléments et vivre mon meilleur souvenir à moto. Toute la famille remonte dans les voitures après m'avoir demandé le pourquoi de cette Drôle D'idée d'être venu en 2 roues. En rentrant par l'autoroute, les automobiles devaient prendre une avance de plus de 4 heures sur la moto roulant par les petites routes champêtres. Il n'en fut rien, car des bouchons les ont retardés d'autant. La tenue de pluie, les gants étanches, les surbottes étanches, l'anti-pluie appliqué sur ma visière apportaient un confort tout relatif. L'eau qui ruisselait des rochers des montagnes inondait les voies alpines, c'était magnifique ! En plaine, la hauteur du liquide atteignait 5 à 10 centimètres sur des kilomètres. Au milieu d'un carrefour, en pleine campagne, un siphon tournoyant m'a obligé à monter sur les côtés surélevés. Au village suivant, hommes et femmes plaçaient des sacs de sable pour protéger les habitations. De mémoire, ils n'avaient jamais connu un tel cataclysme. Le réchauffement planétaire était de la partie. Au centre du bourg, les pompiers s'affairent, leurs camions franchissent une profondeur d'eau qui couvre les optiques de leurs phares. Faut-il opérer un demi-tour, chercher un nouvel itinéraire ou réaliser mon premier passage à gué ?

Je connais à présent la profondeur d'eau et les pompiers sont présents. Me sentant en sécurité, je retire le gant gauche pour filmer la traversée avec mon petit appareil photo. La main droite sur l'accélérateur, j'engage ma monture dans cette eau qui monte à la limite de toucher la selle. La moto avance parfaitement bien, les pompiers applaudissent, mais la vidéo ne donne rien en raison de la condensation qui couvre l'objectif. En revanche, les vêtements ont été parfaitement étanches. A l'issue de cette géniale traversée, je passe la frontière sous un double arc-en-ciel. Dans certaines cultures, l'apparition d'un double arc-en-ciel est liée à une signification positive, qu'est-ce que je suis heureux !

J'ai transmis le virus du tout-terrain à un ami motard, et celui-ci troque sa moto sportive pour une tout-terrain. La vapeur s'inverse. Avant, le suivre quand il était au guidon de sa puissante Yamaha R1 m'était impossible. Mais à présent, il désire s'aventurer sur mes terrains d'entraînement et il découvre la conduite sur chemin de terre. Il est hésitant et c'est parfaitement compréhensible.

Quelques mois passent, avant qu'il ne m'invite à rouler chez lui. Bien plus sûr de lui, sa moto est plus légère de 60 kilos et chaussée de pneus à crampons. La pluie est de la partie, quand nous pénétrons dans une forêt. Le chemin boueux est infranchissable. En montant sur le bas-côté et cherchant à éviter de patauger dans la mélasse, ma XT660R tombe pour la première fois… Vous vous direz encore une fois ! Quelle Drôle D'idée, j'étais heureux ! En cette matinée, la deuxième chute ne s'est pas fait attendre. Mes pneus mixtes sont 10% off-road, quand ceux de mon ami sont adaptés à ce terrain gras. Nous atteignons à présent une forte pente marécageuse, ma machine glisse, mes bottes glissent sur les commandes et l'expérience me manque. Je ne sais comment ralentir sans perdre le contrôle de ma machine. Il aurait fallu couper le moteur, avant de m'engager dans la pente. Ainsi, le frein moteur aurait pris le relais de la pédale du frein arrière que je n'arrivais plus à atteindre en raison de ma recherche d'équilibre. La partie est perdue, si la moto prend de la vitesse et elle en a pris. Je tente alors d'arrêter sa course en montant sur un terre-plein. On peut dire que le but était atteint, mais je suis tombé de haut. Ensuite, pour la troisième chute, la moto était encore une fois en pente, mais sur de l'herbe. Quand j'ai cherché à faire demi-tour, cette verdure très glissante ne m'a laissé aucune chance de rester sur mes roues.

Et vient la gamelle qui ne sent pas bon. Le soleil montre le bout de ses rayons sur un chemin agricole droit et dégagé. A près de 90 km/h, je dépasse mon ami. Rapidement, le chemin sec présente des flaques. L'eau gicle à hauteur du casque, puis apparaît un océan de boue. La moto part en crabe sur la gauche. Si je freine, la journée se termine aux URGENCES. Récupérant la machine, elle part de plus belle en glissade, mais en travers sur la droite. C'est certain, cela va finir en tonneaux. Comment freiner sans me retrouver au sol ? A ma plus grande surprise et pour la troisième fois, je récupère la trajectoire. Voyant une étendue de fumier au bord du chemin, je ne cherche plus à redresser la moto qui repart en tourteau sur la gauche. Plaçant mon corps le plus en arrière possible, j'espère ne pas faire un soleil et voler par-dessus le guidon. Pressentant le pire, la machine finit sa course en douceur, tanquée[35], bien droite dans le moelleux mélange. Eric s'arrête sur le chemin, enlève son casque et rit avant de laisser comme moi ses bottes dans le fumier. Cette gamelle ne sentait vraiment pas bon…

Le 1er avril

La journée internationale des Drôles D'idées m'est évidemment incontournable. Mais d'où vient la tradition du poisson d'avril ? De tout temps, il y a eu des hommes et des femmes avec de Drôles D'idées. La tradition festive de ces personnes existe dans plusieurs cultures et ce, depuis la nuit des temps. Le folklore propose de nombreuses origines, mais il ne s'agit que de conjectures.

Je m'empresse de vous conter celle qui touche mon âme. Elle relie le poisson d'avril à la Pâque chrétienne marquant la fin du jeûne du carême. Le poisson du vendredi, vous connaissez peut-être, mais l'*'Ichthus'* chrétien est lui, le symbole graphique du poisson. Ce mot *'Ichthus'*, en grec *ΙΧΘΥΣ*, signifie poisson et est l'acronyme de *Ἰησοῦς Χριστὸς Θεοῦ Υἱὸς Σωτήρ, Iêsoûs Khristòs Theoû Hyiòs Sōtḗr*, soit Jésus-Christ, Fils de Dieu, Sauveur. Les premiers chrétiens, persécutés par les autorités romaines, l'utilisaient comme code secret pour se reconnaître entre eux. Le signe du poisson, tourné vers la droite ou la gauche, fleurissait en graffitis sur les murs de Rome avant Pâque. En guise de discrètes flèches, elles indiquaient aux chrétiens le chemin des cryptes où avait lieu l'office Pascal. L'humanité avait une multitude de calendriers débutant à des dates variées. Jusqu'au Moyen Age, en France, l'année civile débutait à différentes dates selon les provinces. Le roi Charles IX décide, par l'Edit de Roussillon en 1564, que l'année débuterait désormais le 1er janvier, marque du rallongement des journées, au lieu de fin mars, arrivée du printemps. Le pape Grégoire XIII étend cette mesure à l'ensemble de la chrétienté avec l'adoption du calendrier grégorien en 1582. Grand nombre de personnes rencontrèrent des difficultés pour s'adapter au changement de calendrier et certains n'étaient tout simplement pas au courant et ont continué à célébrer la nouvelle année le 1er avril, selon d'anciennes traditions. Certains ont profité de l'occasion pour chambrer les étourdis et leur remettre de faux poissons correspondant à la fin du carême. Ainsi est né le fameux poisson d'avril, poisson sanctifié pour le jour de ceux qui ont de Drôles D'idées.

Pas de chance, notre anniversaire de mariage tombe chaque année le même jour, un 1er avril. Ma moitié aimante m'a épousé pour mes Drôles D'idées. Aussi, depuis 1989, il y en a eu des anniversaires épiques. Je ne vais vous en conter que quelques-uns. Il y a cette Drôle D'idée qui a demandé un temps de recherche, et qui n'a assurément pas été acceptée par mon épouse. La pomme de terre 'Chérie' est une variété à chair ferme. Elle est de taille moyenne et légèrement allongée. Sa peau est fine, rouge et lisse et sa chair de couleur jaune pâle est fondante, légèrement sucrée. Elle a, en effet, un petit goût de châtaigne très agréable en bouche. J'ai parcouru plusieurs primeurs avant de trouver 5 kilos de ce tubercule pour ma chérie. Bien emballés, et au moment opportun, je les lui offre. C'est à peine croyable ! Sylvie a mis les 5 kilos de mon amour à la poubelle, avant de me faire la tête toute 1 semaine. Elle ne prend pas toujours mal mes intentions. Je me souviens de ce caleçon en néoprène, un cadeau qui l'a aidée à gagner un tour de taille. Elle a perdu du poids en gardant tout mon amour.

Ma compagne est au chevet de notre fille Sophie le lendemain de son opération de l'appendicite. L'inflammation soudaine de l'appendice, une petite excroissance en forme de ver, aussi appelée *'appendix vermiformis'*, située au début du gros intestin, du côté inférieur droit de l'abdomen est dû à l'obstruction de cette petite structure anatomique. Est-ce un organe inutile ? Bien sûr que non, il produit des anticorps, aussi appelées *'immunoglobulines'*, comme plusieurs autres organes. Il joue donc un rôle dans le système immunitaire, mais comme il n'est pas seul à fabriquer des anticorps, son ablation n'affaiblit pas les défenses immunitaires et ma fille âgée de 6 ans court, saute et fait des roulades sur son lit. Elle était certainement encore sous l'effet de l'anesthésie.

Ce soir de notre anniversaire de mariage, mon épouse a dormi à l'hôpital auprès de notre enfant. Avant de les retrouver toutes deux, je me suis présenté au rayon pâtisserie de mon supermarché, muni d'une photo de mariage et d'un énorme fromage, un Brie. Ils mettaient bien des photos sur des gâteaux, alors cela devait être possible de le faire sur un fromage. Avec une baguette, une bouteille d'un excellent cru, une nappe blanche et bien sûr le fromage décoré, je retrouve ma bien-aimée, que dis-je mes bien-aimées pour dîner aux chandelles au milieu des soignants.

Si cela vous donne la Drôle D'idée de faire de même, de mettre une photo sur un fromage, je tiens à vous conseiller sur les variétés les plus adaptées. Tous les fromages frais, les pâtes molles sont à proscrire. Le Brie par exemple n'a pas été l'idéal, car son humidité a troublé l'image dans les 2 heures qui ont suivi l'application de la photo. Le mieux est d'utiliser des fromages à pâte dure pour que cela tienne un peu plus longtemps.

Mes enfants

J'aspirais à devenir le patriarche d'une tribu innombrable et j'ai dû me contenter d'un trio. Maintenant que tous les oisillons ont quitté le nid familial, nos relations sont encore plus chouettes. Comme la maman hibou, Sylvie a entouré ses enfants de beaucoup d'amour.

Quand il était très jeune, Xavier mon aîné m'a donné l'espoir d'être à mon image, un petit cascadeur. Il escaladait, virevoltait. Mais rapidement, j'ai compris qu'il était différent de son père. A présent, il est un homme stable et posé. Comme sa maman, il est sociable, doux, aimant et nullement conflictuel.

Ne perdez pas le fil ! C'est un livre sur mes Drôles D'idées. Durant ses années lycée, il lui arrivait de sécher des cours, mais toujours avec la complicité de sa maman. Elle lui faisait un mot d'excuse et le tour était joué. Une seule fois, il est venu vers son père et j'ai écrit ce qu'il fallait dans le cahier de correspondance. Vous auriez dû voir sa tête, quand il est revenu de l'école.

En tant que chrétien, je tends à respecter les 10 commandements bibliques. Le Décalogue se trouve 2 fois dans la Bible, premièrement dans Exode 20:1-18 (La Bible), puis dans le Deutéronome 5:6-21 (La Bible). Le mensonge est contraire à la vérité et comme Jésus-Christ est la vérité, je ne peux me dire disciple du Christ et mentir. Les Drôles D'idées me sont permises, mais tromper mon prochain pour en tirer un profit, cela est contraire aux valeurs de l'Evangile. C'est pour cela que j'ai écrit dans le cahier de correspondance de mon fils : « En raison d'une indisposition, mon fils Xavier n'a pas pu assister au cours ce matin. ». Ses copains ont un peu ri de lui et il a compris que je ne cautionnais pas son attitude. Et puis, j'avais dit la vérité ; il n'était pas disposé à aller en cours.

Avec mes filles, l'histoire est différente. Jeunes, elles m'étaient proches et aimantes. A partir du moment où elles ont commencé à devenir des femmes, les câlins ont cessé. J'étais triste qu'elles ne veuillent plus me faire de bizZoux[(29)]. Clara est notre 2ème enfant. Nous avons beaucoup de points communs et c'est certainement pour cela qu'elle est plus proche de sa mère que de moi. Durant ses années collège, elle devait partir pour Londres, avec sa classe. Je savais qu'elle refuserait de me câliner au départ de ce voyage et en effet, elle a embrassé sa maman, avant de s'empresser de monter dans le bus. J'étais triste, mais préparé. Au milieu des parents d'élèves, j'ai déployé une banderole que j'ai fait tenir par deux papas compréhensifs. Depuis le bus, on pouvait lire : « Clara à Dieu… on t'♥ ». Ma fille, submergée par l'émotion, s'est enfoncée dans son siège, tous les élèves et professeurs s'étant collés aux fenêtres pour lire la banderole. A quatre pattes, je me suis faufilé dans le bus pour bizZouter(36) ma fille que j'aime.

Sophie est la petite dernière de la famille. C'est tout pas moi ! Grande, intelligente, très coquette et studieuse, mais au point de rendre sa maman malade. Selon elle, elle n'y arrive pas, ne comprend rien. Elle se sent seule et éprouve des difficultés insurmontables. Le paroxysme de sa crise a été vécu en classe de Première. A l'issue du 1er trimestre, les parents sont invités au conseil de classe. Proche de sa mère, Sophie a choisi le parent qui l'accompagnerait et ce ne devait pas être son papa. A la dernière minute, je me suis invité en faisant serment de ne dire mot. J'ai essayé.

Quand le professeur principal a fait l'éloge des qualités et des résultats de notre fille, avec mon épouse, nous étions médusés. Ma fille ne disait rien et ma femme était sous le choc. Après un silence prolongé, j'ai informé ce professeur des réelles difficultés de ma fille, même si elle avait de bonnes notes. Nous avons dû l'entourer de beaucoup d'amour et la prier de moins travailler à l'école.

Mes enfants n'ont eu, chacun, qu'une seule Drôle D'idée et ça a été dans le choix de leur conjoint. Tout d'abord, mon fils Xavier, intelligent et excellent bassiste est, ce à quoi un père batteur aspire le plus. Sa maman le cocoonait énormément. Il lui reste une année d'étude, quand son amour pour le pays du soleil levant va changer sa vie. Avant toute chose, je tiens à préciser que ma foi en Christ est débordante. Je proclame mon attachement à Christ à qui veut l'entendre, mais en aucune façon, je n'imposerais ma vision à quiconque. Ma femme et mes enfants se sont donnés à mon Seigneur et Sauveur, quand ils l'ont voulu.

Xavier cherche donc le moyen de séjourner au Japon et c'est notre pasteur qui a permis le voyage de ses rêves en le mettant en relation avec une famille japonaise chrétienne. A son retour, il est totalement transformé. Xavier jouait déjà de la basse dans le groupe de louange de l'église, mais avant son voyage, il regardait plus sa montre qu'il ne louait Dieu. A présent, il est chrétien. Xavier est devenu disciple de Christ au contact de cette famille japonaise et du pasteur de leur toute petite église. Le pasteur, TAHARA est le mari de Yoneko, pour ceux qui ont lu le livre 'Yoneko Fille du Bonheur'. En résumé, Yoneko ne trouvant pas de sens à sa vie, tenta de se suicider. Se jetant sous un train, elle perdit ses 2 jambes, 1 bras et 3 doigts à la main restante. A l'hôpital, elle préparait le moyen de mettre à nouveau fin à sa vie, quand TAHARA lui parla de Jésus. En se donnant à Christ, elle eut une vie extraordinaire. Ce témoignage a bouleversé mon fils tout comme Mitsuru, le père de la famille où il logeait. Mitsuru avait été membre de la plus grande organisation du crime du pays. Cet ancien Yakuza a changé de vie, quand il a accepté Jésus-Christ, comme maître et sauveur, Wouaw ! Donc de retour en France, je vois mon fils devant son ordinateur qui prie avec la fille de Mitsuru. Devinez qui est retourné 4 mois après son 1er voyage se marier au Japon ? Avec une Drôle D'idée pareille, il a eu la bénédiction paternelle.

L'enfant qui me ressemble le plus, Clara, est passionnée par son travail, et le regard de l'autre sur son apparence physique ne lui importe absolument pas ! Sa chevelure blonde, ses yeux verts, sa taille de mannequin dénotent souvent d'avec sa tenue vestimentaire. Quand tout est au lavage, quand sa penderie est vide, elle trouvera le nécessaire dans l'armoire de son frère et à présent de son mari. Son homme, elle l'a trouvé dans son lycée agricole.

Quand ma femme m'a appris leur idylle, Clara voulait avoir l'autorisation de dormir chez celui qui serait le père de ses enfants tout blonds ! Je dis 'tout blonds', par opposition aux enfants de Xavier qui ont les cheveux 'tout noirs' et le teint mat.

Ne perdez pas le fil ! Clara sort avec un garçon... Je prie mon épouse de la chercher, car j'avais deux, trois choses à lui dire. En 1er : « C'est ok pour moi, tu peux dormir chez ce garçon ». En 2ème : « Ta mère te donnera des préservatifs ». En 3ème : « Ne reviens pas avec un bébé ! ». Clara essaye de m'interrompre, afin de m'expliquer leurs intentions et c'est finalement sa maman qui me dira tout... Le père du garçon est pasteur et tout comme son frère, elle consommera son union après le mariage. Quelle Drôle D'idée !

Mon dernier et 3ème enfant, Sophie est tout le contraire de sa sœur. L'apparence et le confort sont importants pour elle. Sa scolarité a été studieuse tout comme celle de ce garçon qui l'a remarquée dans leur Université. Que dire de lui, né le même jour que l'auteur de ce livre, il est également motard. Il est parfait !

Le Japon

Mon fils s'étant marié au Japon, j'étais certain d'y aller un jour pour rencontrer la famille de ma belle-fille. Avec son épouse, ils organisent le voyage au pays du soleil levant et laissent la possibilité aux jeunes de notre paroisse de se joindre au périple. Quand je demande pourquoi, il me confie vouloir annoncer la bonne nouvelle du salut en Jésus-Christ aux japonais, car dans leur pays, il y a très peu de chrétiens. Je ne suis alors plus certain d'être de la partie. N'ayant pas fait d'études bibliques, je pensais n'avoir aucune place dans ce voyage. Et puis, comment pourrais-je parler de mon Dieu sans maîtriser ni le japonais, ni l'anglais ?

En m'isolant dans ma chambre, je parle à Dieu et je l'écoute. Nous dialoguons fréquemment à travers la lecture de la Bible. Après l'avoir ouverte au hasard, je lis dans (La Bible) Esaïe 42:12 ***'Qu'on donne gloire à l'Eternel et que dans les îles on proclame ses louanges !'***.

N'en croyant ma lecture, j'ai réitéré l'ouverture au hasard et Dieu parle ainsi dans (La Bible) Jérémie 51:10 ***'Nations, écoutez la parole de l'Eternel et annoncez-la dans les îles lointaines !'***. C'est incroyable ! Ces textes bibliques sont tirés d'écrits précédant la venue de Jésus et le terme nations veut dire que ce ne sont pas les hébreux qui feront cette action, mais d'autres peuples. Douze français se préparent à cette mission. Des jeunes et des moins jeunes ont, durant un peu plus de 6 mois, travaillé des chants chrétiens, préparé des sketchs, acheté des Bibles, réalisé des tee-shirts avec un dessin de Jésus façon manga disant : « Je t'aime ! ». Tout ce que nous préparions, nous le faisions en japonais. Nos prières seules étaient en français.

Savez-vous que des traces de l'histoire biblique sont présentes dans l'écriture japonaise ? J'ai fait contrôler cette trouvaille par le papa de ma belle-fille. Il est japonais. Il a fait ses études au Japon. Aussi, ses vérifications sont sûres. Tout comme l'écriture coréenne, malaisienne, singapourienne, vietnamienne, l'écriture japonaise tire ses origines de la Chine. Les caractères chinois ou Kanji sont arrivés au Japon au 4ème siècle de notre ère. Au pays du soleil levant, ces signes ont été complétés par les Hiraganas servant principalement à la grammaire, les Katakanas pour les noms courants d'animaux, de plantes, des termes scientifiques et techniques. Les Furiganas sont de petites notes parfois placées au-dessus des Kanjis. Vous les trouverez dans les mangas comme dans toute la littérature destinée aux plus jeunes. Ils aident à la prononciation, car l'apprentissage des Kanjis est long. Tant qu'on y est, n'oublions pas les Romanjis, nos lettres latines. Elles sont utilisées pour des acronymes destinés à être lisibles dans un contexte international comme carte de visite, passeport, pharmacie, etc... Il y a aussi les chiffres arabes, mais ne perdez pas le fil !

Les Kanjis, l'écriture chinoise, coréenne, malaisienne, singapourienne, vietnamienne et japonaise a un inventeur mythique en Chine. Il se nomme Cang Jie. La tradition lui attribue 4 yeux, une paire surmontée d'une deuxième. On a l'impression de voir trouble... Toujours selon le mythe, les 2 yeux du bas voient les mystères de la terre, quand les 2 du haut perçoivent les mystères du ciel. D'après la légende, Cang Jie aurait vécu il y a 5 000 ans quand bibliquement parlant, Adam et Eve ont vu le jour, il y a 6 000 ans, dans le jardin d'Eden. D'après les descriptions bibliques, ce jardin pourrait s'être situé dans la région de l'Irak. Du point de vue des Israélites, rédacteurs de la Bible, l'origine de l'humanité est située à l'Est, mais pour les asiatiques, elle se situe à l'Ouest. Avant de vous expliquer la manière utilisée pour écrite le mot Ouest, je me dois de vous donner le nombre total des caractères Kanjis.

Au Japon, il existe plusieurs listes de Kanjis officiels. Les Gakushuu Kanjis sont environ 1 000 Kanjis que doivent connaître les écoliers de primaire. Les Jouyou Kanjis représentent environ 2 000 kanjis d'usage quotidien. Ce sont les Kanjis que doivent maîtriser les japonais, en sortant du collège. En Chine, le nombre précis des sinogrammes existants est sujet à débat. Ils peuvent se compter en dizaines de milliers, les estimations vont de 40 000 à plus de 60 000, si on prend en considération leur nombre sur la durée totale d'existence de l'écriture chinoise. Mais les 3⁄4 sont des variantes graphiques qui ne sont plus utilisées. Le chinois courant requiert la connaissance de 3 000 à 5 000 sinogrammes.

Cette écriture est fantastique, car malgré la multitude de langues parlées, elle fédère la compréhension. En Chine, tu peux parler mandarin, cantonais, min, hakka, wu et comprendre une écriture unique. Imaginez, si en Europe voire dans le monde, nous utilisions tous l'écriture chinoise ; nous nous comprendrions tous par le texte.

Un Kanji peut être formé par association de plusieurs signes, mélange de logogrammes et de sinogrammes. Lisez ce qui suit et vous toucherez au fantastique.

Exemple 1er 西 = **'Ouest'**

Le mot 'Ouest' est constitué des 3 signes suivants **[Un, Premier]** + **[Homme, Personne]** + **[Souffle, Bouche]**. Dans ce mot, le 1er homme vivant représente l'Ouest. Au regard de la Bible, l'origine de l'humanité, le premier homme est à l'Ouest de la sinosphère.

Exemple 2 告 = **'Parler'**

Dans la Bible en Genèse 1:26 ***'Dieu dit : « Faisons l'homme à notre image »'*** + Genèse 2:7 ***'L'Eternel Dieu façonna l'homme avec la poussière de la terre. Il insuffla un souffle de vie dans ses narines et l'homme devint un être vivant.'*** Pour le Kanji 'Parler' nous avons les signes **[Vivant]** + **[Poussière]** + **[Souffle, Bouche]**.

Exemple 3 福 = **'Bonheur et Bénédiction'**

Le Kanji 'Bonheur et Bénédiction' est constitué des signes **[Dieu]** + [Un, Premier] + **[Souffle, Bouche]** + [Jardin]. Le bonheur devait se trouver dans le jardin d'Eden avec Dieu.

Exemple 4 禁 = **'Interdiction'**

Toujours dans la Bible en Genèse 2:8-9 ***'L'Eternel Dieu planta un jardin en Eden, du côté de l'est, et il y mit l'homme qu'il avait façonné... Il fit pousser l'arbre de la vie au milieu du jardin, ainsi que l'arbre de la connaissance du bien et du mal.'*** + Genèse 2:16-17 ***'L'Eternel Dieu donna cet ordre à l'homme : « Tu pourras manger de tous les arbres du jardin ; mais tu ne mangeras pas de l'arbre de la connaissance du bien et du mal, car le jour où tu en mangeras, tu mourras. »'***. Pour le Kanji 'Interdiction' nous trouvons les signes **[Deux arbres]** + [Ordre].

Exemple 5 鬼 = **'Satan'**

Le Kanji 'Satan' est constitué des signes **[Mouvement]** + **[Jardin]** + **[Homme, Personne]** + **[Secret]**. Je vous laisse chercher dans la Bible en Genèse 3, ce que Satan a fait aux premiers êtres humains.

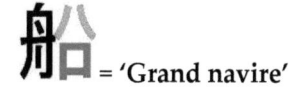

Exemple 6 船 = **'Grand navire'**

Et oui, il existe le Kanji 'Grand navire' regroupant les signes **[Bateau]** + **[Huit]** + **[Souffle, Bouche]**. Dans la Bible, le 1er grand bateau est celui de l'arche de Noé ; quand nous en lisons l'histoire en Genèse 7:13 (La Bible) ***'C'est ce jour-là précisément que Noé, Sem, Cham et Japhet, les fils de Noé, la femme de Noé et les 3 épouses de ses fils avec eux étaient entrés dans l'arche.'*** Il y avait bien 8 souffles dans ce premier grand bateau !

Exemple 7 兄 = **'Premier fils'**

& 兇 = **'Cruel et Violent'**

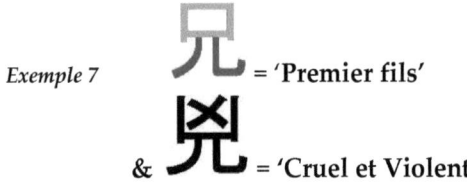

Le Kanji 'Premier fils' est constitué des signes [Souffle, Bouche] + [**Homme**]. Jusque-là, il n'y a rien d'extraordinaire, mais mettez à côté de ce Kanji celui de 'Cruel et Violent' et vous découvrirez une petite marque en forme de croix au sommet de ce dernier. Toujours dans la Bible en Genèse 4, Caïn tua Abel et ***'Dieu mit un signe sur Caïn afin que ceux qui le trouveraient ne le tuent pas.'*** C'est donc Caïn, premier enfant d'humain à tuer son prochain mais à qui, Dieu dans son amour, a garanti la vie, grâce à un signe. La croix de Christ garantit la vie éternelle, mais pour y avoir accès, il ne nous est pas demandé de devenir un chrétien. Il nous est demandé de devenir un disciple. Nous devons vivre dans la présence de Dieu, dans une communion identique à celui d'un couple homme-femme pour donner naissance à de nouvelles vies, à de nouveaux disciples.

Exemple ultime 義 = **'Juste'**

Avec des recherches plus approfondies, on trouverait certainement beaucoup plus de Kanji ayant des significations bibliques, mais je terminerai par l'exemple ultime, le Kanji 'Juste' qui s'écrit avec les signes **[Mouton]** + [Main] + [Epée, Couteau]. Pour moi, Jésus-Christ est le seul juste. On peut lire les paroles de Jean Batiste dans la Bible en Jean 1:29 ***'Le lendemain, il vit Jésus s'approcher de lui et dit : « Voici l'agneau de Dieu qui enlève le péché du monde ».'*** Il a donné sa vie pour l'humanité, si elle le veut bien, si tout comme les asiatiques, on n'oublie pas sa relation avec le Dieu unique créateur de toutes choses.

Ne perdez pas le fil ! La Drôle D'idée de départ de ce chapitre est d'aller au Japon comme des missionnaires et tout ce que je pensais devoir faire ou plus précisément voulais faire a été dirigé autrement. Là-bas, j'ai conduit l'équipe sur une route différente à mes habitudes, le volant est à droite pour une conduite à gauche et pour un français, ça fait Drôle. Pour un missionnaire, au Japon, tu ne peux pas accoster une personne et lui donner quelque chose, c'est culturel ; tu n'as pas le droit de le faire. Sur place, un autochtone chrétien nous a expliqué tout cela et bien d'autres choses durant une matinée. Nous avions loué une petite pièce au-dessus de la maison communale de Gunma. Assis en tailleur sur le tatami, j'étais interrogatif. Comment faire ? Tu ne peux pas donner quelque chose à un japonais et tu ne parles ni japonais, ni anglais.

A l'issue de cette matinée intéressante allait venir la partie stressante, car chacun devait mettre en pratique le cours reçu. L'après-midi, nous nous sommes donc retrouvés dans le hall du bas, là où de nombreuses familles et personnes seules passent un temps communautaire, s'adonnant à la cuisine, la lecture, le jeu et la discussion. On m'a demandé de mettre en pratique, mais je m'isole. A l'écart du groupe, je prie en silence : « Père que puis-je faire ? Tu vois ma faiblesse… ».

Une grand-mère japonaise s'approche et me parle en anglais. Je ne comprends rien, mais lui dis : « **私はフランスの人です**[37] ». Personne au Japon n'a jamais compris ce que je disais et je fais signe de venir au plus jeune de l'équipe. Amaury parle anglais et me sert de traducteur. Après avoir longuement échangé, j'invite la grand-mère à une rencontre que nous étions en train d'organiser avec une petite, très petite église locale. Avec joie, elle note l'adresse et la date. Le jour de notre rencontre chrétienne, toute sa famille a entendu le message de l'Evangile, la bonne nouvelle de l'effacement de tous nos péchés par la mort du fils de Dieu.

Tous les jours de ces 3,5 semaines au Japon ont été incroyables sur le plan spirituel. L'Evènement que nous avons organisé a été, comment dire… n'a pas été facile. Nous n'avions pas les instruments de musique nécessaires, synthétiseur, basse, accordéon, batterie et aucun amplificateur. Deux semaines avant notre rassemblement, avec ma belle-fille, nous nous sommes rendus à une salle de spectacle pour louer les locaux. Extraordinaire belle-fille et seule interprète du groupe, elle était encore en plein apprentissage du français. Elle devait traduire des termes techniques musicaux ; il nous fallait un régisseur son, des microphones, des pupitres et des tables, car nous avions de quoi régaler les japonais avec des apéritifs que nous avions ramenés de France. L'épouse de mon fils, a réussi cette difficile épreuve avec mention. J'admire ses dons pour les langues. Elle maitrise le japonais. Etant donné sa maman colombienne, sa langue natale est l'espagnol. Le portugais est sa 2ème langue. Elle était professeur d'anglais au Japon et une fois en France, elle a suivi des cours intensifs de français. J'aimerais tant avoir ce talent, mais le mien c'est les Drôles D'idées !

Avant ce voyage, je n'imaginais pas qu'il fallait laisser l'organisation à Dieu. Je pensais pouvoir tout louer sur place, mais nous étions en province et avons été contraints de prier et d'espérer. Avec mon papa du ciel, il arrive toujours des choses extraordinaires. C'est un papa aimant qui éduque ses enfants. Tu n'es pas patient, il te fera attendre. Tu ne veux pas écouter, il se fera comprendre. Après, tu restes quand même libre de faire comme tu veux.

Comment a-t-on eu tous les instruments de musique nécessaires ? L'Esprit de Dieu nous a poussés à encourager nos sœurs et frères, habitants ce pays. Le pasteur TAHARA, mari de 'Yoneko, Fille du Bonheur' avait 85 ans, quand nous l'avons visité. Mon plus beau souvenir a été de pouvoir le serrer dans mes bras et de l'embrasser. J'avais en moi cette Drôle D'idée d'étreindre un japonais. Culturellement, cela ne se fait pas. Mes enfants l'ont dit à ce japonais qui a fait fi de la tradition. A la retraite, TAHARA vit très simplement dans une maison mise à disposition par ses 2 filles. Ses amis les plus proches sont à plus de 2 heures de route. L'homme est seul. Nous l'avons emmené dans un excellent restaurant, avant de lui faire une offrande en respectant la tradition japonaise. TAHARA a un accordéon piano ! Je le répare et il nous le prête…

Quelques jours plus tard, nous avons visité une famille brésilienne, la maman est elle aussi pasteur et son église n'a plus de local. Après avoir échangé et prié ensemble, elle nous prête un amplificateur basse et une petite table de mixage. Un autre jour, nous sommes invités dans une église latinos à témoigner de notre foi et on nous prête un synthétiseur et une basse. Je me souviens de cette sœur en Christ qui, à la fin de la soirée, m'a appelé : « Pastor ! » et je lui ai répondu : « Je ne suis pas pasteur, je suis batteur !! ». Je venais de dire à cette petite église que nous les encourageons à continuer de porter la lumière de la vérité qui est en Jésus-Christ, dans ce pays. Nous allions retourner en France, pendant qu'ils resteraient au contact de nos frères et sœurs japonais.

L'avant-veille de l'Evènement, une petite église brésilienne nous invite à son tour. On commence par des chants devant une salle vide. Puis peu à peu, elle s'emplit de jeunes. Quelle joie pour nos jeunes français, la soirée comme toutes les rencontres de chrétiens que nous avons vécues au Japon s'est terminée autour d'un repas. Aucun de nos rassemblements ne s'est terminé autrement. Dans ce pays, tu remplis ton âme avant de remplir ton ventre d'aliments exquis. Comme à mon habitude, quand toute l'équipe est déjà à boire et à manger, je range encore notre matériel, quand un jeune brésilien aux cheveux crépus et le teint halé me questionne. Nous nous asseyons en tailleur au milieu de la salle vide. Mon épouse est à mes côtés, mais aucun de nous deux ne parle portugais. Nous sommes seuls dans cette salle, quand Priscille vient nous rejoindre. Elle est choriste dans l'équipe et parle parfaitement anglais, espagnol et portugais. Enfin, le jeune homme peut se faire comprendre. Il me demande que faire, car il est rejeté par sa famille. Son grand-père est japonais et tous ses proches sont shintoïste.

Le shintoïsme au Japon se fonde sur le culte des kamis, les dieux japonais. Ce sont les entités supérieures ou esprits de la nature qui règnent sur le monde et imposent le respect ou la terreur. Les éléments de la nature comme les arbres, les rochers, les animaux sont des kamis. De même, les esprits des ancêtres, des grands chefs ou encore des Empereurs disparus sont considérés comme des divinités dans le culte shintoïste. Les divinités shintos sont au cœur de la mythologie japonaise. Le Kojiki et le Nihon shoki sont des recueils de mythes et de légendes qui décrivent l'origine des kamis. Dans le premier, on retrouve le couple démiurge[38] Izanagi et Izanami, ainsi que la déesse du soleil, Amateratsu et autres déités importantes. Dans le second, on retrace l'histoire du premier Empereur japonais descendant d'Amaterasu. Au Japon, les kamis sont des entités ambivalentes. Il faut les vénérer et ne surtout pas les froisser, au risque de s'attirer un mauvais sort. Les japonais ont peur et après avoir demandé à Dieu sa volonté, j'encourage ce jeune à porter beaucoup d'amour à cette famille qui le rejette, tout en continuant à prier pour elle.

Ma belle-fille nous avait prévenus, qu'au Japon, des jeunes étaient coincés entre 2 mondes. Ils ont l'apparence physique de latinos et cependant, toute la culture nippone, car à l'issue de la 2ème guerre mondiale s'est formée en Amérique latine et essentiellement au Brésil, la plus grande communauté japonaise, hors du Japon. Ce jeune me touche et nous prions ensemble. Il est guitariste et nous n'en avons pas pour l'Evènement. Lui proposant de jouer, il est enthousiaste et nous dit : « OUI ! » en portugais. Ma joie ne va pas s'arrêter là, je n'ai toujours pas de batterie… Non seulement, je vais en avoir une, mais ce jeune va me la déposer à la salle de concert. Tout, nous avons tous les instruments !

Durant notre périple, nous avons passé 2 semaines à Tokyo. Chaque jour a été merveilleux. Nous nous rappellerons longtemps cette petite équipe de chrétiens qui, tout comme nous, apportait la bonne nouvelle de l'Evangile. Ces jeunes chrétiens coréens chantaient dans la rue. Après les avoir approchés, nous les prenons dans les bras, prions ensemble et leur laissons des Bibles et mangas chrétiens en japonais. Ensuite, nous nous scindons en 3 équipes. Les uns vont faire du shopping, les autres des achats et mon groupe se dirige vers le quartier des magasins de musique… Priscille recherchait une flûte. Après l'avoir trouvée et achetée, les 2 autres équipes nous invitent par texto à les rejoindre devant le palais de l'Empereur.

Je ne suis pas content, pas content du tout. Je voulais chanter et donner des Bibles dans un parc, mais pas faire du tourisme. Nous arrivons les premiers devant le palais. Or, le site est fermé au public. Je suis encore plus, pas content du tout, et je m'assieds dans l'herbe en broyant ma Drôle D'idée d'évangéliser. La chaleur est extrême, il n'y a pas âme qui vive sur la place située devant le palais, personne. Priscille s'assied à mon côté, monte sa nouvelle flûte et joue un cantique.

Sorti de je ne sais où, un japonais m'aborde. Pourquoi faut-il toujours que l'on vienne me parler dans une langue étrangère ? Sans y comprendre grand-chose, je lui dis en franglais : « I am Christian » et il me répond : « Me too ». Les 2 autres équipes arrivent et ma belle-fille saute de joie. Ce japonais fait partie d'une église tokyoïte. Elle en avait entendu parler, sans jamais la trouver. Cet homme nous explique qu'il vient devant le palais chaque semaine pour prier pour l'Empereur et son pays. Nous étions en pleine semaine de la fête des fantômes. Durant ce temps, les familles japonaises croient que les esprits de leurs ancêtres reviennent sur terre pour revoir leurs proches. Ils viennent chercher de l'aide pour surmonter les souffrances subies en enfer. C'est effroyable ! Les Japonais savent qu'ils vont en enfer... et avec ce frère en Christ, nous avons prié jusqu'à la nuit tombée.

Un après-midi, nous nous sommes produits en plein centre de cette mégalopole. On nous avait prévenus que la police allait venir stopper nos chants et nos sketchs dans la rue. Les chrétiens locaux avaient prédit 5 à 10 minutes avant l'intervention des forces de l'ordre. Après plus de 2 heures et beaucoup d'échanges avec les tokyoïtes, la police vient nous demander pourquoi nous sommes là. C'est écrit sur nos teeshirts, Jésus les aime.

URGENCES

Sous perfusion aux URGENCES, j'ai dans mes affaires, l'ordinateur qui me permet d'écrire ce livre. C'est une chance ! Comment ne pas vous conter de Drôles D'idées dans cet environnement hospitalier qui est pour moi un univers familier. Même dans la douleur, j'y suis bien. Autour de moi, le personnel soignant est attentionné et mon humour a sa place. Opposer la joie à la souffrance est salutaire. De plus, mon expérience me permet d'accompagner et de rassurer bon nombre de patients. Si j'avais été plus intelligent, il m'aurait plu de devenir chirurgien, mais voilà je ne suis qu'un malade…

En radiologie, faisant une IRM, je me rappelle comment et qui a aidé à créer ces appareils extraordinaires. L'univers de la science-fiction donne souvent jour à des inventions bien réelles. Que croyez-vous que firent les techniciens des effets spéciaux de 'La Guerre des Etoiles' ou pour les anglophiles 'Star Wars' ? Après s'être occupé des effets visuels du dernier film de la première trilogie, il fallait bien s'occuper et l'imagerie médicale en a profité.

Aux URGENCES, le diagnostic est posé. Il faut m'opérer. On m'emmène au bloc opératoire. Le patient face à mon brancard, a une poche contenant un liquide rouge. Je lui ai demandé le cru et le millésime de sa boisson, et il m'avoue être caviste de métier. Quelle chance !

Entre 2021 et 2022, j'eus droit à 10 passages au bloc opératoire. Cela pourrait être lassant à force, mais quand tu es en confiance et que l'anesthésie est locale, il est même possible de voir le chirurgien à l'œuvre. C'est toujours instructif. A force, le personnel te connaît et la complicité est de mise. Je dois vous avouer qu'ils m'attachent et parfois même me bâillonnent…

Les protocoles médicaux me sont familiers et je réponds aux soignants, avant même qu'ils ne me questionnent. Sauf pour le motif de l'opération, là j'improvise. La forme de calcul rénal dont je souffre est génétique et chronique. Lors de ma dernière lithotritie, l'infirmière a été étonnée de la réponse à sa dernière question. Elle voulait connaître la raison de ma présence. J'avais beau demander la circoncision, mon urologue a préféré procéder au fractionnement de mes calculs rénaux à l'aide d'ondes de choc. Le fractionnement des calculs a pour objectif de favoriser une évacuation ultérieure par les voies naturelles, les voies urinaires.

Que dire de cet appel téléphonique pour l'achat d'une moto ? C'était la veille de mon opération du cancer de la prostate, prostatectomie radicale[39]. On me laissait 6 mois à vivre. Le vendeur m'a gardé la machine jusqu'à la fin de ma convalescence. Il a attendu un peu plus d'1 mois, avant que je ne puisse la récupérer. Dans la foulée, j'avais la Drôle D'idée de faire mon premier Road Trip[40] moto avec ma femme. A l'issue des séances de rayons, au départ de l'Alsace, nous avons visité famille et amis en Bretagne. Durant notre périple, nous n'avons parcouru que 3232 km, en raison d'un passage aux URGENCES de Béthune. Même si le personnel du Nord est adorable, ma préférence va aux URGENCES de la clinique qui m'a vu naître. Merci mon Dieu de m'avoir permis de venir au monde à cette époque de progrès médicaux incessants…

Ne perdez pas le fil ! Je suis en plein Road Trip moto avec ma douce et je n'arrive plus à uriner. Aux URGENCES de Béthune, une infirmière essaye de me poser une sonde. Elle fait 3 tentatives sans anesthésie. Elle m'avait vendu la manipe sans anesthésie, car selon elle, cela faisait moins mal. Dans tous les cas, mal ou pas, elle n'y arrive point et demande l'assistance d'un médecin. En attendant le docteur, je prends ma petite Bible de voyage et demande à Dieu son réconfort. Il va le faire mais avant, j'ai droit à son humour. On vient d'essayer de me sonder 3 fois consécutivement et en ouvrant ma Bible au hasard, je lis ***'Éternel ! tu me sondes et tu me connais...' 'C'est toi qui as formé mes reins, Qui m'as tissé dans le sein de ma mère.'***

(La Bible) Psaume 139 :1&13

Dieu a de l'humour mais pas que... ***'Il donne de la force à celui qui est fatigué et il multiplie les ressources de celui qui est à bout.'***

(La Bible) Esaïe 40:29

Le médecin urgentiste ne veut pas insister. Il appelle l'urologue de garde et on me propose une stomie. La stomie consiste à percer le bas de l'abdomen, afin d'y introduire une sonde pour vider la vessie, Wouaw ! A ce moment, je me demande comment va finir ce premier grand voyage à moto. Après une petite négociation, je finis par avoir un rendez-vous avec l'urologue, le lendemain matin à Lens. Les tentatives non abouties de sondage ayant permis des pipis de moineau, j'ai bataillé toute la nuit. Au lever du jour, je me présente à l'Hôpital de Lens. On me prépare pour l'intervention et l'urologue vient à ma rencontre. Cette petite femme à la voix aigrelette, super gentille, prévenante, commence par passer la caméra par la voie naturelle et avec anesthésie locale, une p'tite crème. Le diagnostic tombe, les séances de rayons ont fait pousser des chaires dans ma vessie mutante, je suis un mutant ! Elle réussit à passer un guide et commence le travail d'élargissement du conduit. On introduit des tubes de 4 diamètres différents, avant de repasser la caméra. A présent, que faire ? Cette chirurgienne me demande, si je vais poursuivre mon périple à moto. Bien sûr que je vais toujours au bout de mes Drôles D'idées ! Elle me pose donc une sonde urinaire. La poche à pipi dans la botte de moto et avec ma femme sur le siège arrière, je me lance dans une étape de 650 kilomètres pour rejoindre la Bretagne.

Allez, revenons au moment présent, je suis en pleine écriture aux URGENCES de Mulhouse cette fois. De retour de l'IRM *-abréviation de Imagerie par Résonance Magnétique-*, le médecin urgentiste me trouve dans le couloir, devant mon ordinateur portable. Après lui avoir lu le début de ce chapitre, il a l'obligeance de me mettre dans une pièce seule pour améliorer mon confort d'écrivain. Après un long moment d'écriture, en levant la tête, je m'aperçois que les murs qui m'entourent sont couverts de procédures Ebola[41]. Aux URGENCES, ils m'ont placé dans le local d'isolement, en cas d'infection super contagieuse.

Croyez-moi, personne ne pourra éviter la contagion que je m'apprête à déverser par mes écrits. Quoi qu'il arrive, que la joie inonde vos vies.

Si tu es sensible, si la vue du sang t'indispose, il est recommandé de ne pas lire ce qui suit.

Je préfère la clinique à l'hôpital, uniquement en raison de la nourriture. Elle y est excellente. Le miamiam(14) est important. Je suis à la recherche du confort dans l'inconfort, de la douceur dans la douleur, de savoureux repas, avant peut-être le trépas. Pour la petite histoire le terme 'trépasser' vient de l'ancien français 'tres', il signifie passer de cette vie à une autre... Ce mot est plus en usage chez les poètes, que chez les orateurs, à cause de la rime avec le mot 'combat', auxquels ils le relient souvent. Quand tu es en combat, quoi de plus logique que de regarder une émission sur la chirurgie de guerre dans ton lit d'hôpital... Un soldat américain vient de sauter sur une mine au Vietnam. On lui donne de la morphine, beaucoup de morphine. Il n'a plus de jambes et ses entrailles sortent de son abdomen. Un de ses camarades verse une poudre blanche sur sa plaie. Certainement pour le guérir, mais je n'ai pu voir la fin de l'émission, car 2 brancardiers sont devant mon lit. Ils me cherchent pour une Xème opération. Ils s'arrêtent, regardent en direction de la télévision, puis en ma direction et me disent : « Monsieur, vous ne devriez pas regarder cela, avant de descendre au bloc opératoire. ».

Ce qui est génial avec la douleur, c'est qu'elle nous prévient d'une catastrophe ou en est la conséquence. Le résultat d'un accident et même de la maladie passe forcément par la case douleur. Quand un organe est lésé, on a mal et c'est heureux. Le signal pour les soins est donné et cela peut mener à la guérison. Oui, vous avez raison, parfois pas et on meurt. Mais comme mon espérance est ailleurs que sur cette terre et que je suis certain d'aller au paradis, pourquoi aurais-je peur de mourir ? En raison de la douleur peut-être ?

La pire douleur que j'ai ressentie dans ma vie n'a pu être atténuée médicalement. Les 3 doses de morphine reçues durant la nuit n'eurent aucun effet. Mais quel souvenir, mon corps était faible, mais mon esprit était… Wouaw ! En 2017, nous avons fêté le premier anniversaire de ma première petite fille. Dans le jardin, après le gâteau et les bougies, la musique caribéenne battait son plein. Nous avons dansé du Limbo, cette sorte de danse où l'on passe en-dessous d'un bâton horizontal, le plus bas possible, sans le toucher, et en restant sur ses pieds. Sur le moment, c'était fun, mais le lendemain…

J'avais, au dire du médecin de famille, un lumbago et une ordonnance pour des séances de kinésithérapie. Sur le bon conseil de mes collègues de travail, j'ai été traité par un kiné-ostéo. Avant la première séance, je n'avais presque plus mal. A l'issue des manipulations, les douleurs sont revenues. Trois jours après, lors de la deuxième séance, j'ai signifié au manipulateur le fait qu'il a augmenté ma souffrance. Me rassurant avec un : « Je vais arranger çà ! », il m'a à nouveau fait craquer le dos. Le seuil de douleur qu'il m'est possible de supporter est important ; mais le lendemain, au travail, ça a été un calvaire. Le surlendemain, j'ai pris congé pour me reposer et le troisième jour, c'est devenu effroyable.

Dès le réveil, je me réfugie sur le canapé du salon. Nous étions un samedi. Mon épouse travaille dans le social et ses samedis travaillés sont toujours bien chargés. Quand elle est revenue à la maison à 20 heures, je n'avais pas bougé d'1 pouce du canapé. Je n'arrivais plus à marcher. Sylvie a fait le '15', et le médecin a conseillé un hôpital réputé pour ce genre de pathologie. Mon épouse étant exténuée par sa journée, j'ai voulu prendre sur moi et patienter jusqu'au lendemain. Je dis tout le temps : « La douleur, c'est dans la tête ! ». A presque minuit, la douleur était à fond dans ma tête et dans cette jambe gauche qui a présent était paralysée.

Sylvie est adorable chaque jour, mais encore plus quand je souffre. Elle cherche des béquilles dans le garage, vestige d'un crache à moto. Pour aller jusqu'à la voiture, cela a été sportif ; mais une fois dans la voiture, cela a été jouissif. Arrivé devant les URGENCES de Colmar, je demande une chaise roulante, car le niveau de souffrance avait atteint son paroxysme de 10 sur 10, sur l'échelle de Richter. Une crise de calculs rénaux peut être douloureuse, c'est vrai. Il m'est arrivé de vomir de douleur sur le chemin de l'hôpital, mais ce n'était qu'un niveau 8 sur 10.

La prise en charge, ce samedi soir-là, a été extrêmement rapide. On m'apprêtait à une opération du dos, car le kiné avait fait sortir 2 hernies discales. J'ai crié à mon Dieu et le dimanche matin, toute ma communauté intercédait dans la prière, quand j'ai senti la douleur diminuer. Ce matin-là, au cours de la messe dominicale, la souffrance s'est effacée graduellement. Il est 13 heures et le neurochirurgien, accompagné de ses assistants viennent à mon chevet. Je leur dis ne pas souhaiter l'opération et le médecin rétorque que je risque la paralysie définitive. Il a bien compris que je ne refusais pas l'opération, mais que je m'attendais à un miracle... En me gardant en observation, dans les 2 jours qui ont suivi, le médecin a constaté l'amélioration de mon état. Deux semaines plus tard, j'ai joué de la batterie et chanté pour la fête de la musique dans la cour du temple protestant de Thann, voisin de ma propre église. Nous sommes voisins et amis en Jésus-Christ. Lors de cette soirée, mes amis ont ressenti la présence de Dieu.

Ne perdez pas le fil ! Le neurochirurgien ne m'opère pas et me renvoie à la maison. Ma soif de lire la Bible n'arrivait pas à être étanchée. Je la bois jour et nuit et... en lisant le Psaume 51 (La Bible), ma vie a changé. Avant, je priais et avais appris qui était Dieu, mais ce n'était qu'intellectuel.

> ***'Mon oreille avait entendu parler de toi ; maintenant mon œil t'a vu.'*** (La Bible) Job 42:5

Ce matin-là, à 4 heures, sur mon canapé, Dieu est là. Il emplit tout mon être. Mon papa du ciel me dit que je suis à lui, pardonné de toutes mes Drôles D'idées. Libéré de moi-même, j'étais devenu un Saint. J'ai alors immédiatement cherché un dictionnaire pour comprendre la signification du mot 'Saint'. Il ne veut pas dire 'sans péché', mais 'mis à part'. Dieu m'a mis à part. A l'image des assiettes du salon qui sont sorties pour de grandes occasions, je suis devenu spécial. Cette vaisselle spéciale peut se salir, tout comme moi. La nécessité de rendre propre l'assiette aussi bien que mon être est avérée. Malgré mes Drôles D'idées, il m'a mis à part par amour. Les larmes, que je me suis toujours empressé de ne pas verser, ont coulé abondamment ce matin-là.

Dieu m'a révélé des mystères. La religiosité a disparu. Ma congrégation n'est pas détentrice de la vérité. Christ est lui seul la vérité. Dans diverses dénominations, il y a des Saints. L'occident n'est pas plus chrétien que l'orient. Au Caire, plus de 6 millions de chrétiens font bloc face à la montée de l'islamisme. Là, les disciples de Jésus se rassemblent dans d'immenses grottes, à l'écart. D'un grand nombre d'obédience, ils sont unis. En Israël, des Juifs louent Jésus-Christ au côté d'arabes chrétiens. Dieu m'a à la fois mis à part et uni à tous les chrétiens de la terre. Je suis son enfant, héritier au côté du Christ son fils.

Jésus est venu apporter le salut en souffrant. Il est mort crucifié sur une croix pour guérir mon être et guérir qui le désire, sans contrepartie, juste par grâce. Nous sommes tous libres de nos choix, l'accepter ou le rejeter…

'L'un des malfaiteurs suspendus en croix l'insultait en disant : « N'es-tu pas le Messie ? Sauve-toi toi-même et nous avec toi ! ». Mais l'autre lui fit des reproches et lui dit : « Ne crains-tu pas Dieu, toi qui subis la même punition ? Pour nous, cette punition est juste, car nous recevons ce que nous avons mérité par nos actes ; mais lui n'a rien fait de mal. ». Puis il ajouta : « Jésus, souviens-toi de moi quand tu viendras pour être roi. ». Jésus lui répondit : « Je te le déclare, c'est la vérité ; aujourd'hui, tu seras avec moi dans le paradis. »'

(La Bible) Luc 23:39-43

L'appartenance à une église locale est primordiale. Dans l'église, en se soumettant, tout en faisant non pas notre volonté, mais celle de Dieu, on est transformé. En acceptant mon prochain comme il est, en l'encourageant à devenir un Saint, en devenant le serviteur de tous, je suis là où Dieu le désire.

Ne perdez pas le fil ! Dieu ne veut pas que nous suivions une religion. Il attend que nous ayons une relation vraie et sincère avec lui. Drôle D'idée ?

Conclusion

Ce TOME 1 se termine et j'ai envie de parler de ce sujet tabou qu'est la mort. Cette conclusion de vie sur terre fait peur à bon nombre d'amis. Très régulièrement le midi, je marche 1 heure avant de manger dans le gigantesque cimetière qui jouxte mon travail. C'est apaisant de marcher dans ce lieu de repos et puis c'est riche en enseignements. Je vous encourage à suivre cette Drôle D'idée. Le columbarium, la nécropole, les catacombes ne doivent pas être le lieu de sépulture d'un proche. Il faut prendre le temps de lire les inscriptions, de regarder les photos des défunts et d'imaginer l'histoire des résidents du lieu. Rapidement, tes réflexions se porteront sur ta propre existence.

J'ai commencé ce livre, quand on m'a dit qu'il me restait 6 mois à vivre. Avec la foi en Jésus-Christ, je suis serein et n'ai aucun état d'âme. Dieu me laissera le temps de finaliser la Drôle D'idée d'écrire ce livre…

Ce graffiti littéraire n'a aucune importance, mais ***'En effet, Christ est ma vie et mourir représente un gain.'*** (La Bible) Philippiens 1:21

Quand je quitterai cette vie, ce sera pour un héritage défiant toute imagination. Quand une graine meurt en terre, une plante bien plus utile prend vie. Quand j'abandonnerai cette existence, ma nouvelle vie s'épanouira en une fête éternelle et j'exalterai celui qui me porte un amour infini. Les repas seront exceptionnels, je m'enivrerai de joie et de paix. Ma musique sera exclusivement pour lui et je ne peux concevoir les instruments qui me seront confiés. Eternellement, je porterai reconnaissance au Père qui m'a adopté, à son Fils qui m'a donné sa vie et à l'Esprit-Saint qui m'a conduit jusqu'à l'amour du créateur de toutes choses ! Etant fils de Dieu ***'Vous êtes des dieux, Vous êtes tous des fils du Très-Haut. Cependant vous mourrez comme des hommes, Vous tomberez comme un prince quelconque.'***

(La Bible) Psaumes 82:6-7

Toutes les religions, te demandent de 'faire'. Si tes bonnes actions sont suffisamment nombreuses, il te sera peut-être possible d'aller plus loin. A l'inverse, la foi en Jésus-Christ n'impose ni le baptême, ni les sacrements pour sauver ton âme. Elle nous sort de la religiosité et à l'image de ce Dieu qui, quand on lui demande son nom, nous dit : « ***Je suis celui qui suis*** » (La Bible) Exode 3:14. Il nous donne la puissance d'être. Il nous pousse à être plus, à mieux être. Il désire notre amour. Il est mon amour. Je l'aime !

Ce TOME 1 étant achevé, n'attendez pas le 2 pour chercher vos propres Drôles D'idées et par-dessus tout, le sens de votre vie.

Remerciements

Chère lectrice, cher lecteur, quelle Drôle D'idée que d'avoir lu ce livre jusqu'au bout, mais c'est cool et si vous avez ri ou même souri en le parcourant, mon plaisir est grand. Pour tous ceux qui ont été cités au fil des pages, vous avez été top dans vos rôles, même non voulus. Si je ne vous estimais pas, vous n'auriez jamais été embarqués dans mes Drôles D'histoires. Dans tous les cas, merci à vous pour votre compréhension.

La rédaction de cet ouvrage m'a été facile, la plupart du temps. Mon épouse râlait un peu, quand je passais trop d'heures en écriture. Puis, quand elle a assuré la première relecture, Sylvie râlait toujours. Tu m'étonnes, vu la quantité de fautes d'orthographe et de grammaire à corriger. Mais je me dois de la féliciter, pour sa patience à mes côtés, pour sa résilience à mes Drôles D'idées, pour ses rires, quand elle lisait et se remémorait le passé. Sylvie, je t'aime, merci.

Le travail de relecture a été des plus complexes, car il fallait bien corriger le texte, mais sans dénaturer la syntaxe très personnelle de l'auteur. Elles ont donc été 3 Drôles de dames pour relire et corriger le nécessaire uniquement. Pour garder la patte de l'écrivain en herbe, il fallait conserver son phrasé peu orthodoxe et ses mots inventés.

Je suis reconnaissant à ma professeure de français de 4ème et 3ème. Elle apparaît au chapitre 'Ma foi' ; elle devient chrétienne suite à mes frasques. Marie-Thérèse LEY est sortie de sa retraite pour à nouveau me corriger et contrôler la compréhension des histoires de ce livre, c'est cool, un GRAND merci.

Pour le contrôle du chapitre 'Le Japon', j'ai bien entendu fait appel à ma belle-fille. Eliana GRINGER a vécu 15 ans au pays du soleil levant. Sans elle, je n'y aurais jamais réalisé d'aussi belles aventures et puis, elle a vérifié l'écriture en Kanjis, **ありがとうございます**[42], merci.

Les petits dessins présents dans cet ouvrage sont l'œuvre d'un artiste et ami de longue date. Simon HUEBER, pour tes Drôles de Dessins, je te remercie de tout ♥.

La joie que j'ai ressentie pendant la rédaction de ce livre a dépassé de loin le travail qui a été nécessaire. Mais peut-on parler de travail, quand il s'agit de vous partager mes Drôles D'idées ? Que ce livre vous aide à vous émanciper. Qu'il vous permette de vivre pleinement et de trouver le chemin du paradis.

Pour parachever ces remerciements, je fais part de toute ma reconnaissance à celui qui était là avant même le début de toutes choses. Lui qui m'a tissé dans le sein de ma mère. Lui qui m'a adopté au prix de la vie de son propre fils. Lui dont l'amour et la patience sont infinis. ***'Je veux dire merci au Seigneur ; de tout mon cœur, je veux remercier l'unique vrai Dieu. Oui, je veux remercier le Seigneur sans oublier un seul de ses bienfaits. C'est lui qui pardonne toutes mes fautes, guérit toutes mes maladies, m'arrache à la tombe, me comble de tendresse et de bonté. Il remplit ma vie de bonheur, il me donne une nouvelle jeunesse ; je suis comme l'aigle qui prend son vol.'*** (La Bible) Psaumes 103:1-5

Réponse à la critique religieuse

En tant que chrétien, a-t-on le droit d'avoir de Drôles D'idées ? Je dis : « Oui », un chrétien est bizarre ! Quelle Drôle D'idée que de vouloir suivre les enseignements de Jésus-Christ. Ce n'est pas normal, pas humain. Il me donne la joie, la paix, le pardon par grâce, son amour. Je dois honorer mes parents, aimer ma femme, mais aussi mon ennemi. Jésus avait de Drôles D'idées, changer l'eau en vin est ma préférée. Le vin procure de la joie, mais il faut boire avec modération. Marcher sur l'eau pour surprendre ses disciples, ça c'est une Drôle D'idée !

Oui, je suis un disciple de Christ. Malgré mes fautes et mes Drôles D'idées délirantes, il garde son amour pour moi, quoique la critique des religieux dise. En écrivant ce livre, je ne désire pas enseigner, mais témoigner de ma petite, toute petite foi. Parfait, je ne le suis pas, mais jour après jour, son amour transforme ma vie et puis, l'humour c'est de la joie et la joie est un fruit de l'Esprit Saint... (Lire dans la Bible) Galates 5:22

Réponse à la critique littéraire

Tout comme moi, il vous est possible d'avoir de Drôles D'idées. Vous pourriez décréter que l'ouvrage est mauvais et cela n'engagerait que votre appréciation. Je suis heureux d'avoir laissé ce petit graffiti dans ce monde qui passera, renouvelé par ***'un nouveau ciel et une nouvelle terre.'***

(La Bible) Apocalypse 21:1

La critique et le regard de l'autre n'ont jamais influencé ma vie. Imprévisible amoureux de la liberté, je fais ce qui me paraît excellent. Non que j'excelle dans ce que je fais, mais je mets toute ma force à faire de mon mieux.

Evidemment, vous pourriez trouver ma plume belle et par politesse, je dirais : « merci ». Mais, ne vous y trompez pas, je n'ai réalisé qu'un graffiti.

Glossaire

mamma[1] signifiant [maman] en italien.

nonna[2] signifiant [grand-mère] en italien.

nenni[3] ancien français *'nen'*, équivaut à [non].

Kattenbach[4] du nom du ruisseau qui traverse le quartier de mon enfance, est situé sur la rive gauche de la Thur, au pied de l'Engelbourg et du vignoble du Rangen. Il avait jusqu'au début du XXe siècle une vocation agricole et artisanale liée à la présence des vignes sur la commune. Il a été fortifié en 1370.

kamikaze[5] signifiant [vent providentiel] en japonais, contraction de kami, dieu, et kaze, vent. En 1944-1945, pilote japonais volontaire pour écraser sur son objectif un avion chargé d'explosifs ; cet avion lui-même, dit aussi avion-suicide. Au nombre d'un millier environ, les kamikazes causèrent de très lourdes pertes à la marine américaine. Se dit aujourd'hui d'un auteur d'un attentat suicide. Aussi employé en apposition pour une personne téméraire qui se sacrifie pour une cause, souvent perdue d'avance.

Bungert(6) nom de famille d'origine germanique notamment porté par August Bungert (1845-1915), compositeur et poète allemand.

con la famiglia e la mamma(7) signifiant [avec la famille et la mère] en italien.

Sei uno sporco francese !(8) signifiant [Tu es un sale Français !] en italien.

nonno(9) signifiant [grand-père] en italien.

explosettes(10) mot inventé signifiant [petite explosion].

brico-bidouillage-improbable(11) mot inventé signifiant [activité manuelle improbable] utilisant des matériaux inadaptés pour obtenir un résultat bizarre.

Loctite époxy(12) Que vous travailliez avec de la fibre de verre, du ciment, du bois, de la céramique, du métal ou du plastique, les colles époxy de marque Loctite… vous garantissent une adhérence ultra-résistante. Après avoir choisi la résine époxy adaptée à vos besoins, il ne vous restera plus qu'à réaliser votre projet.

l'électrotechnique[13] se rapporte aux applications pratiques de l'électricité, à la science étudiant ces applications. Elle concerne par exemple la production, le transport, la distribution, le traitement, la transformation, la gestion et l'utilisation de l'énergie électrique.

miamiam[14] mot inventé signifiant [nourriture].

high-tech[15] anglicisme signifiant [haute technologie].

water-closet[16] mot anglais signifiant [cabinet d'eau], [toilettes]. Espace clos utilisé pour se soulager des déjections corporelles.

Karcher[17] nom déposé, nettoyeur de cette marque qui projette de l'eau sous forte pression.

fiesta mexicana[18] signifiant [fête mexicaine] en espagnol.

zigouigoui[19] mot inventé signifiant [sexe masculin].

Les pieds nickelés[20] est une série de bande dessinée créée par Louis Forton, publiée pour la première fois le 4 juin 1908 dans la revue L'Épatant, popularisée en France par le nom des trois héros peu recommandables, petits filous sans envergure, leurs coups tournent souvent mal et les entraînent fréquemment en prison, d'où le sens actuel…

yaourteux[21] mot inventé et proche de chanter en yaourt, une technique qui consiste à produire des sons, des onomatopées, des syllabes qui font penser qu'il s'agit d'une langue réelle.

bierbar[22] signifiant [bar à bière] en allemand.

bleus[23] signifiant [novices] en jargon militaire.

peep-shows[24] mot venant de l'anglais, *'to peep'* signifiant [jeter un coup d'œil] et *'show'* signifiant [spectacle] désigne un spectacle vu par une seule personne à la fois à travers une petite ouverture ou une loupe. Si en anglais le terme désigne généralement tout type de spectacle, il s'utilise en français presque uniquement pour des spectacles érotiques…

Ich bin ein Berliner[25] signifiant [Je suis un Berlinois] en allemand.

moult[26] du latin *'multum'*, ancien français signifiant [beaucoup], [très].

érotomane[27] personne obsédée par la sexualité, atteinte d'érotomanie, [nymphomane], [obsédée sexuelle].

disturber[28] du latin *'disturbare'*, signifiant [déranger], [gêner], [perturber].

bizZoux[29] mot inventé signifiant [bisous intenses et bruyants].

sustenter[30] ancien français, équivaut à [s'alimenter], [se nourrir], [se restaurer].

madre[31] signifiant [mère] en espagnol.

padre[32] signifiant [père] en espagnol.

musicos clasicos[33] signifiant [musiciens classiques] en espagnol.

keffieh[34] écharpe à carreaux noir et blanc devenu le symbole des palestiniens.

tanquer[35] verbe d'origine provençal signifiant [se planter droit] et terme maritime signifiant [s'enfoncer par son avant].

bizZouter[36] verbe inventé signifiant [faire beaucoup de bizZoux[29]].

私はフランスの人です[37] signifiant [Je suis français] en japonais.

démiurge[38] nom donné par les platoniciens au dieu qui crée le monde et constitue les êtres.

prostatectomie radicale(39) également appelée prostatectomie totale, elle vise à retirer toute la prostate ainsi que les vésicules séminales. Dans certains cas, les ganglions lymphatiques voisins sont également enlevés ; on parle alors de curage ganglionnaire.

Road Trip(40) expression anglo-américaine qui signifie littéralement 'voyage sur la route'. Elle désigne donc au sens large un voyage sur une longue distance avec un nombre d'étapes important. On laisse la liberté nous guider et on s'arrête où le vent nous porte…

Ebola(41) maladie virale responsable de fortes fièvres et d'hémorragies souvent mortelles pour l'homme. Le taux de létalité se situe entre 30% et 90%. Le réservoir naturel du virus serait la chauve-souris.

ありがとうございます(42) signifiant [merci] en japonais.

Extra professionnel

Une fois l'écriture et la relecture de ce livre achevées, je me suis rendu compte que j'avais oublié de parler de Serge. A l'image du couple que je forme avec Sylvie mon épouse, nous formons depuis tant d'année un binôme professionnel extraordinaire ! Par ces quelques lignes, il me semble indispensable de lui signifier mon admiration. Le grand balaise que nous voyons tous au travail est finalement un grand cœur enrobé de douceur extrême ! Quand j'ai besoin de lui, il est là ! Quand j'ai de Drôles D'idées, il les supporte ! C'est avec lui seul que je désire finir ma vie... professionnelle.

Rappelle-toi de nos arrêts indispensables en voiture. Comme j'ai besoin de beaucoup m'hydrater, mes arrêts de soulagement sont imprévisibles, tout comme leurs conséquences. Te souviens-tu de ce moment où tu poussais notre véhicule qui n'arrivait plus à gravir ce chemin forestier perdu, tout comme nous. Tu me rassurais en gardant ton calme et ce même, quand la boue risquait de nous immobiliser.

Tu es ce grand homme que j'admire et qui garde son flegme au-devant de toutes mes Drôles D'idées. Repense à ce jour où nous devions nous assurer de la raison de la fermeture de cet axe de circulation. Il y avait cette fuite d'eau, ce geyser impressionnant que tu voulais voir de près. J'ai approché notre véhicule et ouvert ta fenêtre pour que tu puisses analyser au plus près la situation. A mon poste de conduite, j'ai été protégé des éclaboussures grâce à ta stature imposante. Il est vrai qu'ensuite tu as réclamé la fermeture de ta vitre passager et imposé de mettre le chauffage à fond, malgré le beau temps. Tu voulais que je roule jusqu'à ce que tu sois sec... mais je te l'assure, tu n'es pas quelqu'un de sec. Tu es doux de cœur ! Tu es extra !

Soyez toujours joyeux !

(Lire dans la Bible…) 1 Thessaloniciens 5 :16

Choisir d'être *'toujours joyeux'* est le témoignage de la joie que je trouve en Jésus-Christ, une joie qui ne dépend pas des aléas de la vie.

Choisir d'être *'toujours joyeux'* n'induit pas d'ignorer la souffrance et la douleur.

Choisir d'être *'toujours joyeux'* est une décision volontaire de saisir ma joie dans les promesses de mon Père céleste et ce, indépendamment des circonstances de la vie.

Choisir d'être *'toujours joyeux'* est une manière de déclarer ma confiance en Dieu.

Dans les moments d'épreuves et d'incertitudes, je puise ma force en mon Seigneur et Sauveur Jésus-Christ.

Mon Dieu est à l'œuvre en me conduisant vers ce qu'il a prévu pour moi. Même si ce n'est pas évident, je crois qu'il permet que toute chose concoure à mon bien, au meilleur pour ma vie. Au milieu des circonstances, je me réjouis, car il est avec moi. Il est à l'œuvre et je lui fais confiance. Il me remplit de sa joie et de sa force ! Et si mon Dieu a de la joie c'est qu'il est amour. Et s'il est amour, il a aussi de l'**humour**, car dans ce mot, nous retrouvons la contraction de qui il est = '**hum**ilité' + 'am**our**'

'Un cœur joyeux est un excellent remède...'

(La Bible) Proverbes 17:22

Epilogue

Mon épouse me dit toujours : « Tu n'arrives jamais à t'arrêter ! ». Elle qui pensait en avoir fini avec cet ouvrage, elle me surprend en pleine écriture de l'épilogue. Mais comment puis-je ne pas vous conter mon examen de contrôle du cancer. Quelques minutes avant mon rendez-vous médical, j'ai porté ce livre à ma professeure de français de 4ème et 3ème pour la relecture. Trois ans après l'opération chirurgicale, 2 ans après les séances de radiothérapie et d'hormonothérapie, mon taux de PSA *-le marqueur du cancer de la prostate-* est brusquement remonté.

Il est passé de 0,025 à 6,66 alors qu'il doit rester en dessous de zéro. Ne me dites pas que c'est une coïncidence ! Et même si 6,66 n'est pas 666... c'est troublant que de voir le mal s'acharner. Promptement, le cancérologue me fait passer une scintigraphie osseuse. Est-ce que le cancer s'est généralisé ? Après cet examen, j'ai bien été radioactif 24 heures, mais le médecin nucléaire n'a pas trouvé trace de la maladie.

Le cancérologue persiste et me fait passer un PETscan *-abréviation anglaise de Emission Positons Tomography-* afin d'obtenir des images précises de mon corps en trois dimensions. Je revois le médecin qui n'a pas reçu les résultats de ce dernier examen en raison d'un bug informatique. Qu'importe, je suis en paix.

Le dimanche qui suit, avant de me rendre à l'église, j'ouvre ma Bible au hasard et je lis dans (La Bible) en 2 Rois 20:1 ***'À cette époque, Ézékias est atteint d'une maladie qui entraîne la mort. Le prophète Ésaïe, fils d'Amots, vient le voir et lui dit de la part du Seigneur : « Mets de l'ordre dans tes affaires. En effet, tu vas mourir, la vie est finie pour toi. »'.***

Est-ce que la vie est finie pour moi ?... Juste avant d'ouvrir ma Bible, je demandais à Dieu de me parler. Là, sur le moment, je ne comprends pas ce qui m'arrive et j'arrête ma lecture pour dire à Dieu : « Est-ce que je comprends ce que tu veux me dire ? Faut-il que je me prépare à une Drôle D'inhumation ? ».

Je lui demande pardon pour toutes mes Drôles D'idées pas toujours exemplaires et je reprends la lecture de 2 Rois 20:4-6 (La Bible) ***'Ésaïe n'est pas encore arrivé dans la cour intérieure du palais. Le Seigneur lui donne l'ordre de retourner auprès d'Ézékias, le chef de son peuple, et de lui dire de sa part : « Moi, le Seigneur, le Dieu de David, ton ancêtre, j'ai entendu ta prière, j'ai vu tes larmes. Je vais te guérir. Dans trois jours, tu pourras de nouveau aller au temple du Seigneur. Je vais même ajouter quinze années à ta vie... »'.***

Cette fois c'est fini ! C'est mon livre qui est fini...
mon Dieu, lui est infini, et je vis pour lui.

Rendant hommage aux femmes et hommes qui ont cette Drôle D'idée de consacrer leur vie, leur temps et leur amour pour aider leur prochain, mes droits d'auteur seront reversés à l'association d'aide humanitaire : One-Family.fr

Devant l'inégalité des chances touchant la jeunesse dans le monde, elle offre un accompagnement moral, social, matériel et économique précieux. A caractère philanthropique et humanitaire, cette œuvre cherche à préserver la jeunesse de la délinquance. Je vous encourage à vous rendre sur leur site internet :

Si vous voulez m'encourager
Si vous avez besoin d'encouragement
Si vous êtes producteurs de films, je suis à votre disposition pour la réalisation du péplum...

drolesdidees@hotmail.com